人生的確不公平
年輕世代真的只會歡慶小確幸？
面對人生與時代的考驗
在兩手一攤與奮力拚搏間
我們還是有所選擇！

推薦序 1

淡江大學英文學系專任副教授 | **林銘輝** 博士

　　育聖是一位難得一見的學生、朋友。記得他在修習我大學英文作文課的時候，表現奇優，具有過於成熟的思考力，超級真誠的思緒，認真無敵的學習力，以及防不勝防的幽默詼諧。他不是故意的，而是天生就如此令人羨慕。沒想到在過了四分之一的人生淬鍊之後，他的性情才華更是如此令人欣賞。

　　育聖，就像他的這本書一樣。

　　「在真實人生的劇場中，我們不是導演，我們只是演員。當舞台上的人事物沒有按照原先所設想的劇本走時，我們會如何反應？」——多麼有趣的鋪陳，多麼有趣的設想！育聖這看似漫不經意的巧妙提問，構成他全書架構的主軸核心，並從中支架出人生戲台上不同的場幕，置入不同的人物，帶出不同的反應，碰撞出不同的聲音，讓讀者彷彿身歷其境，卻又能從旁觀看，在內心思辨激盪。好才情！

　　育聖的文筆愜意，讀來舒服，流暢細膩，卻又有令人大快朵頤的快感，也時有一口接一口、停不下來的舒暢，文意轉折間處處充滿驚喜，篇篇蘊含生活、哲理、智慧、人生，交織出精彩絕倫的人生劇場，成就了這一本暢快人心的好書。

　　我也喜歡育聖藉由經典文本作為文章的引子，帶領讀者凌空觀看現今社會及人性的問題所在；在玩弄英文單詞內涵的同時，同時道出許多聰睿卻又令人莞爾的智慧言語；在巧妙安排的文字鋪述中，顯露出高度批判的思考能力；即便是幽默輕鬆的遣詞用字，仍顯出對教育及社會議題的高度關注與熱情。

　　我尤其喜歡育聖以優雅從容的語氣以及行雲流水的文字，肆無忌憚地嘲諷當代的教育體制、社會現象以及冥頑不靈的無知人性，同時間，他在意念中卻仍保有親民愛人的胸襟、人文學者的高度以及難能可貴的赤子之心。

　　育聖是一位難得一見的青年作家，這是一本難得一見的好書。

推薦序 2

金融界 Compliance Officer｜**徐丞賢**

狄更斯（Charles Dickens，1812-1870）《雙城記》：「這是個最美好的時代，這是個最糟糕的時代（It was the best of times. It was the worst of times）。」

育聖是我高中同窗的友人，同為文組出生的我們，年少時倚著「為賦新辭強說愁」的姿態，闖蕩校內外的許多語文競賽，包含參加文學獎、徵文投稿、演說比賽等等，這是我和育聖之間的共同回憶，也是彼此最重要的連結。過了將近十年，只有育聖仍然在揮灑著他優質的文學素養（不但定時更新網誌分享心得，還出了本書！），而相較之下，我能為此本新作添上一小部分的篇幅，除了汗顏外，著實感激。

同窗期間，育聖除了洋溢著對語言的天賦（尤其是英文）外，他「偏執般」的自我要求性格也是表露無遺。此處所述的偏執，並非帶有貶義內涵，就我長期的觀察與驗證，這樣的偏執正是他取得現有成就的關鍵因子；說穿了，如果偏執可以是一種「堅持」的態度，那再艱難的目標終將有成功的一天，而育聖踏踏實實地印證了這項道理，也是我身旁親友中唯幾能精準地執行自己的人生規劃，留學有成的優秀青年。

但，只秉於堅持態度真的能穩定立足在現今世代嗎？誠如最初段所援引的名句，90年代的我們，正是處於一個最好與最壞兼具的世代：好，在於科技及技術的進步使生活變得更加容易；壞，在於現有大部分資源、利益的爭取機會，早已被上個世代的前輩們瓜分、佔據著，各種條件與因素不斷地在變遷中，因此90年代後的青年很難再有與前輩們相似的契機在社會上掙得絕對的一席之地。此時此刻，創造獨有的自我價值與思考能力，似乎才是使自己與這世代兼容並予以生存的法門之一了。

　　如果閱讀至此的你／妳也正好是90年代後的青年，本書將會是一個值得您駐足留心的獨特觀點，分享在這最好與最壞的世代裡，或許不是那些深根柢固的觀念或長輩們口中所說的那樣制式、單一且不容質疑。如何培養出無可取代的自我思維與價值，是90年代後的我們值得且必須正視的課題。

　　謹致90後的青年們，勇敢地在這最好與最壞的世代一同活出屬於自己獨有的品味與人生吧！

作者序

　　2018～2019這一年間，我不只寫了一本學位論文，還同時擠出時間完成這本書。

　　沒想到大學畢業四年後，我將人生清單上「有生之年一定要出一本書」的這項目打上了勾！大學時期，年少輕狂的我跟隔壁的戰友許了這個願。

　　20多歲，人生走了將近四分之一的旅程，我在倫敦度過這四分之一的最後一哩路，做為自己的「成年禮」。在國外念書、生活，一直以來是我的夢想。很幸運地，我能這麼迅速地實踐，但我必須說，這需要付出極大的決心與努力。

　　然而，努力並不一定會成功。求學階段，我一直被灌輸「努力用功就會成就非凡」，但其實這句話裡充滿著瑕疵。什麼是成功？怎樣算努力用功？

　　每個人對於成功的定義截然不同；又或是同樣的人，在不同的人生階段對成功的定義也有所不同。還記得小時候，我想要當位能在法庭上字字珠璣的律師，這是我當時所定義的成功；國、高中時期，我幻想著未來能成為在外商企業中縱橫商場、搭著飛機四處出差的白領人士，這是我當時所定義的成功。賺大錢曾經是我所追求的成功，事與願違，我總是愛開玩笑地說：「念了英文與教育，誤入歧途踏上了教師這條路，我永遠離我賺大錢的目標越來越遠了！」

若是問我：「你覺得自己現在成功嗎？」我不覺得成功，但也不全然失敗。因為我對成功，又有屬於現階段的定義。

　　努力只是成功的其中一項元素。現在我所擁有的一切，確實和自己付出的努力有關。不過，我也必須承認，一路上遇到許多願意給予機會並帶領我的貴人，我也很珍惜這樣的機運。沒錯，機遇很重要，但這可遇不可求。多少勵志故事中，營造了努力的假象。假如說成功的滿分是100分，那可以說是，我透過70%的努力，10%的運氣遇到貴人，更努力地用10%向貴人學習，並對種種過程與結果滿懷5%的珍惜與感謝。最後的5%是對任何事保有適應性（flexibility），有誰知道過去的教師鐵飯碗如今一位難求；而現今數位時代帶來新的變革，網路名人們直播聊天也能獲得收益。

　　在追求這些所謂世人看見的成功以外，人們還能如何活出自己理想的生活？試著問問自己：「你快樂嗎？」這問題看似簡單，但卻很重要。在開始投入工作後，我們一天至少會有八小時的時間與工作為伍。除了工作，我們還有什麼？興趣嗜好、休閒娛樂，是否在下班回家後，就與整日的疲勞一同消失殆盡？步入職場的人們，開始要在人生觀與工作觀間找到平衡。對有些人來說，這兩個選項是在光譜的兩端；相反地，有些人能使人生觀與工作觀維持巧妙的共生狀態，這會是一個比較健康的生活方式。塔爾‧班夏哈（Tal Ben-Shahar）在他的經典著作《更快樂》一

書中提到，當人們選擇對自己有意義的工作時，就能獲得自由感，並找到其樂趣所在。因此，當我們遇到自己熱愛的工作，我們自然會更加努力投入，進而增強工作動機，自身能力也有所精進。如此一來，能帶勁地起床上班，並以愉悅的心情迎接下班後的自由時刻。

　　汲汲營營地追求外在的功名，的確是我一直以來的目標。然而，在英國的這些日子，我體認到自己所在意的「完美」，碰也碰不到，因為人是會成長的，在向前移動的同時，一回頭正是海市蜃樓般完美褪去的那一刻。我開始不預設一個最好的自己，也不假設哪裡有最好的方向及道路，正因為還年輕也還有梭哈的本錢，應當大膽嘗試並觸及所有的可能性，不錯過任何一項新挑戰——正如同撰寫這本書的過程。

　　出書這件事，說來也奇妙，這就是「機運」！2018年，我並沒有參加倫敦泰晤士河畔的跨年晚會，開著一盞黃燈在宿舍裡寫完學期研究論文後，記錄了三個多月的英倫生活，分享發表於網路平台。隔了幾天，輾轉傳來捷徑文化出版社的出書邀約。有趣的是，這則邀約是送到我母校英文系助理Ellen的信箱，接著可能因為我人在國外聯繫不上，最後透過好友Kimberly轉知我。

　　書寫並完成這本書是一趟自我揭露的旅程，不管是正面還是負面的過去，都值得好好回味。猶記得邀請好友閱讀部分文

章初稿時，他們給我「會不會有些赤裸？」這樣的回覆。我想是不會，這就是我的故事及想法。說不定會有人不認同，但透過語言的方式來表達自我感受，分享自然且真實的歷程之時，也讓我重新品嚐這過去四分之一的人生。

　　走完人生的四分之一，雖然路途並不順遂，但難題終究迎刃而解。這趟旅途中，我感謝自己對所有遭遇的事都能堅持不懈地緊咬不放；在面對挫折時，也能保有不屈不饒的韌性（resilience）——這是我父親身上的特質。我也感謝自己對於世間上的齷齪勾當及人性的骯髒險惡，還能保有微乎其微的希望及溫暖——這是我母親身上的特質。同時，我必須要感謝我的貴人及恩師，林銘輝（John）老師的帶領與教導。若是沒有他，我的履歷大概會少上三分之一的內容，也可能無法如願到英國求學。

　　我用一年左右的時間，撰寫這本書的內容。若您是各方的前輩先進，不妨讓我用青年的視角，帶您瀏覽後輩的社會觀察。若你是千禧年後的中學生、大學生，不介意的話，歡迎參考我的人生經驗，開創屬於自己的未來及成功。若你同為90後的社會新鮮人，讓我邀請你，一同分享我四分之一的人生，讓跟著時代成長的我們，逐漸成為未來世代的砥柱。

張育聖

目錄

Chapter 1 揮別過去的平庸，航向不平凡的未來

Chapter 2 放手一搏的飄泊，從英國開始

Chapter 3 獨自流浪英倫時，說自己的事

Chapter 4 人生的下一站，漂向何方？

Chapter1

揮別過去的平庸，
航向不平凡的未來

初嚐完全自由的滋味，大學四年該如何規劃？課業、社團、打工、專業養成的比例，到底該如何配置？讓畢業後的你，更有亮點！讀完這個章節，你也將會擅用手上的多種籌碼，並加以排列組合出屬於自己的人生方程式。

1 | 四分之一的人生，你好嗎？

關上麥克風、放下粉筆、升上投影幕，跟最後一批學生來張合影留念，這是我準備離開台灣，踏上英國前的最後一堂課。

四分之一的人生，你過的好嗎？對我來說算是踏上圓夢的旅程。

人生就這樣一路在看似平穩卻又帶點跌撞的過程中過了四分之一，咻地一下就到了25歲的關卡（雖然我19歲開始教書時就已經有小屁孩們問我：「老師你25歲嗎？」）。人生邁入了下一個階段，橫跨八小時、六千多公里到倫敦「回歸」學生生活！

2018年初，倉促地結束在台北的生活，搬回屏東準備考試及當兵。幸運地，考試順利也平安退伍。不比以往忙碌的暑假，難得清閒的七、八月，與家人過了簡單的生日。然而，今年的生日算是相當有感觸，不管是公開的祝福或是私人訊息，大概有三分之一給我祝福的親朋好友兼粉絲都稱呼我「老師」。

「這麼夢想夢呀夢得夢出偉大⋯⋯」，蘇打綠有首歌這麼唱著。

人們在不同的階段都有不同的夢想。回首想想，國高中的夢想好像都沒達成，畢竟我壓根不是天資聰穎的學生。國中時期，基測滿分412分的年代，我依稀記得當時的我英文不錯，想念文藻英文，而對於當時五科發展不均衡的我來說根本是條遙遠的路，雖然文藻當年是五專，但英文科也是要380～390的高分才有辦法錄取。不幸，卻也是預料之內，我並沒有完成這個夢想。

　　念了屏東高中，不錯了，至少以吊車尾的分數進了屏東第一學府。在升高中的暑假，假借試聽補習班的理由，行遊玩及賺取車馬費、電影票之實，貪玩地跟朋友跑到高雄站前的補習班試聽。現在想起來很荒謬，但這也是人生的小轉捩點。屏東漁村小孩第一次看到教室裡塞滿了200多位學生，除了雄中雄女學生的求知念書態度外，更讓我驚豔的是台上的老師。不知道是不是從那刻起，我就與老師這項職業結下了緣分。雖然當時並沒有完全確定想當老師，但至少知道該認真念書了。

　　高一結束後，拿了一張還可以的成績單，壓線進入分組後的社會組資優班。在班上也不是領頭羊，總是因為數學，讓我漫無目的地晃呀晃，直到考完大學學測。50幾級分的分數，理想的校系又擦身而過再次挫敗。年少浮動、定力不夠，不想再戰指考，以將就的心態，欺騙自己完成階段性任務。老實說，上大學後，我一點也不開心甚至有點惱怒──「蛤？私立的喔？」親戚們用台語這麼說。

帶著念不到夢想校系的遺憾進了淡江。在大一的時候，即便當時不以教職為人生志業，卻也因一張教育學程的宣傳單，踏上了當老師這條路。大學時，兼職教書期間，算熱愛這份工作，也做得還不錯，工作負荷也不大，賺點小錢不無小補，所以就持續下去。不過，我是要準備到百分之百才會上台的人，又或許是完美主義在心中作祟。同時，極度愛面子，不想把名聲搞壞，於是相當努力地備課、做講義、出考題。直至今日，站在台上講課看起來輕鬆愜意，但其實背後都是用時間精力換來的。

　　暌違數年，我成功錄取了自己想要的學校。我國高中都與想念的校系擦肩而過，不對，是相差十萬八千里。如願申請上我最理想的學校UCL Institute of Education，雖然申請過程一波三折，讓人差點想放棄去念別間，但是為了避免像國高中的憾事再次發生，學校要求補繳什麼文件我通通都送件！一路等了四個月，2018農曆過年前終於給我好消息。

　　坐在倫敦大學學院主校區大門的台階上發呆的同時，我為自己寫了上面這段的紀錄。

　　或許這就是好事多磨，慢慢成長並非是壞事，國中時我並不是師長眼中的資優生，更不是當年學校408小組的一員註。千百度地追尋理想志願，順著自己的路走，不也不錯嗎？驀然回首，看看當年所謂的資優生，我並不差呀！走在人生的路途上，即便不是迅速達陣，但必定抵達終點。

　　人生很短，用力過活的，也不過區區30至40年。那活著幹麼呢？我們之所以為人，就是要在活著的時間，體驗活著的過程，享受當下，不論是喜或悲。透過這過程，找到自己存在的價值。大學四年，對於很多人來說，都是全新的階段。不同的住所，不同的學

習環境。四年過後，然後呢？拿到的是張四年的繳費總收據，還是真正地更認識了自己。

對我而言，上大學最大的意義是，帶走了多少。50幾級分進大學的成績，畢業後是增加，還是不增反減？大學四年裡，帶走多少，並不單單只是學術的專業，也囊括了人際的關係、軟實力的培養，還有更重要的，有沒有更認識了自己多一點。

我們每個人都自認為非常了解自己，但我們對自己的理解，宛如冰山一角，只看見百分之三十，剩下的還有待探索。大學四年，不是如老一輩所說的由你玩四年，而是提升對自我理解的能見度的關鍵時期。因為大學的教育，並不希望我們成為自怨自艾，成天埋怨他人、社會、環境，千錯萬錯，自己都沒錯的人。

必然地，可憐之人必有可惡之處。這是亙古不變的名言。為了防止在未來的某一日，覺得自己很可憐，在社會上都不被看重，還不知自己可惡面向的慘況發生。在大學四年裡，我「更加認識自己，並且知道自己要什麼」！這看似簡單，但身體力行時需要極大力氣與心神。我不滿自己的大學學歷不漂亮，我有權利可以對高中升學制度表達不滿，對高中不夠用功的我表達抗議，但在這些行為後，我應當改變，好讓自己不再抱怨，而不是痴痴地盼望生活中的小確幸。我們可以抱怨生活及他人，但並不是一味地抱怨，而是在抱怨之後，想想能為自己做些什麼，才是必修課題。

走過大學四年，人生第一個四分之一後，剛好圓了年少的夢想，順利取得英國碩士文憑。踏上接下來四分之三的路途，拎上勇氣，為自己再闖蕩一次。我想只欠一份梭哈的勇氣了吧！

註 我國中求學時期，升高中的基測考試滿分412分，學校有編列「408小組」，該小組成員力拼分數，以408分為目標。

2 | 學歷不是全部，而是一張入場券

　　萬般皆下品，唯有讀書高。從北宋流傳至今，文人至上的觀念，在幾乎人人都有一張大學學士文憑的台灣社會，加上開放的社會風氣，讓每個人都有自由發展的機會，讀書這件事已不再是通往理想未來的唯一指標。

　　不可否認，很多成功人士或是各行業中的翹楚，在學生時期，不一定都是很會念書的學生，但是他們的共通點都是，知道自己要什麼，且知道如何得手。

　　假使已經計畫要念大學，或是正在大學裡就讀了，建議一定要在大學時期靜下心仔細盤算，自己在這四年要的是什麼？

　　此時，可能會有一派人士出現，高聲吶喊「學歷不重要」或是「學歷無用論」。這個問題我必須堅定地表達自己的立場，儘管考量到我的意見對有些讀者來說，或許會政治不正確。

　　學歷重要嗎？我認為，重要。至少在還沒深入認識瞭解一個人時，它就像你的穿著打扮，你的門面，第一印象很重要。在此提供一個強硬的實例，對英國留學申請有研究的同學，多少都會知道有些學校有「潛規則」。對，真的是潛規則，你沒有看錯！倫敦政治經濟學院（The London School of Economics and Political Science）在學校招生網站上明列：針對台灣申請者，學歷要求必須為「國立」或「市立」大學的學士學位才有資格申請。然而，凡事都有特例，還是會有在這條件之外的優秀學生申請上，但在入場時，就已清楚明訂這樣的限制，你說學歷重不重要？

　　諷刺的是，有些教育工作者對他人高唱學歷不重要的論調。相較之下，看看他們的孩子，一個個從小護送進升學率極佳、老牌口碑私校的數理、科學資優班，用心栽培，一路至台政清交成等前幾志願名校，甚至是國外大學的道路。

　　在進入職場打滾數年後，學歷或許就不再如此重要，取而代之的是個人經歷以及工作能力。然而，一個人剛從大學畢業，準備踏入職場，身上僅有的籌碼就是某某大學的畢業證書，猶如一張名片，述說著你的一切。有時還來不及述說大學的豐功偉業，履歷就被公司的人資專員軋地一聲，毫不留情地送入碎紙機，因為有些公司只招收特定頂尖學校的學生。

　　學歷重要嗎？在你開口前，它很重要，它是一張讓你有機會證明自己有多少能耐的入場券。

　　學歷不是人生的全部，但你永遠少不了它。你可以選擇不讀大學，或是休學，不想擁有大學學歷，但是在做出這個決定之前，請先明白地說服自己，沒有大學文憑，只有高中／職畢業證書的你，該如何在社會競爭，或是搶到求職的門票？並非指大學畢業保證有美好未來，但是看看工作的門檻，多少工作設定了大學畢業的要求？扣除這些工作，你未來想何去何從？

　　所以，我認為不一定要念大學，但得想清楚並提出有力且「可行」的論點，思考不念大學的話，要做什麼。若有辦法列舉出其他的生涯規劃，那就放心地往你的心之所向。

　　而在念大學的人，也要思考自己要什麼。當然你可以過個很「chill」的大學生活，開心飄四年，或不小心飄太爽，延畢了變五年。但我想多數人並不會這樣的，因為念了大學並不代表一切，你

會開始擔心自己的學歷是不是被社會所期待；所學的專業是不是能被公司看重；在大學的學習是不是讓你成為一個獨立思考的人。我們病態的社會好像把上大學這件事情跟職業訓練畫上了等號。

　　無庸置疑，上了大學，我們需要培養些專業的技能，好讓自己出了社會餬口飯吃，至少不要當啃老族。但是，在大學四年的學習中，更重要的是，學會做自己——做好自己。這意味著，能當個為自己負責、擁有自身批判思考能力的青年。而不是整天高喊做自己，卻盡做出背道而馳荒謬事且人云亦云的浮游生物。

　　回到學歷這件事，不論現階段的你，是高中繁星和申請入學放榜的準大學生、力拼盛夏指考的考生、滿懷憧憬的大學一年級的新鮮人、努力豐富大學生活的老屁股們或是在踏入職場或繼續升學間焦慮不堪的準大學畢業生，不知道你現在是否就擁有一張漂亮的入場券──社會認可的頂尖大學？不是說漂亮學歷保證能獲得一份理想工作，而是增加人資專員多看你履歷一眼的機會。

　　或是像我一樣，念了一所說不上最好，也說不上最差的一般私立大學。中間值是一件最要不得的事，在前端你可以義無反顧地向前衝；在後端你可以全然地放棄，接著另謀出路。卡在中間，有時讓我們前後為難，深陷泥淖難以抉擇。

　　我是台灣教育體制下五科發展不均衡的學生。在大學學測時，以非常中間值的總分，備取上了私立大學英文系。是的，很可憐還不是正取。寫出這段過往，我並不覺得可恥或是丟臉，站在現在的角度，檢視過去的自己，反倒會為自己的努力喝采。同時，也希望藉由這本書，能夠鼓勵及提供方法、經驗，給像我一樣卡在中間值的人，其實平凡也能透過努力及有計畫性的盤算變得非凡。念大學，拿了張畢業證書，不是了不起的事，但我們得證明這四年間為自己的未來立下什麼了不起的基石，好讓中晚年時不後悔也不鄙視大學四年的自己。

上大學的一課：**知道自己要什麼。**

3 | 自由的大門敞開，大一新鮮人怎麼過

高中生多元入學的管道，讓台灣各個高三生的最後一學期熱鬧無比。大學入學考試測驗放榜後，有繁星推薦、申請入學、高職統測、科大申請、專業科系如美術及音樂類科的術科測驗、警專入學考、暑假的指定科目考科，各種選擇，好不寧靜。

炙熱的八月，若是繼續升學，多數的高中生大概皆已確定自己未來四年要待的學校。**「喂，你好，我是OO大學校友會／XX系友會的學長……」** 每位大學新鮮人滿懷期待地回覆電話那頭的學長姐們，引頸期盼著大學生活。

大一，呼吸著新鮮自由的空氣，住宿的同學更能體會到沒人管的生活。父母短暫離開身邊，心想終於擺脫家中的環繞式音響；遠離了高中老師，再也不用過著每天一到校就是小考、進度考、複習考般的人間煉獄。少了父母的碎唸，學校師長的轟炸。在褪去束縛之後，你將要過著怎麼樣的大學生活？

「大一的你，請好好地玩」這句話絕對會引來新鮮人的誤會、社會大眾的謾罵，所以我需要更進一步澄清。好好地玩，玩什麼？先決條件是什麼？台灣的教育體制，你我皆知，高二升高三的暑假至學測前，一定是繃緊神經的半年，參加指考的學生則多達十個月。高三生就像一顆即將被高壓氣體灌滿的氣球，不斷增大，直到進了大學宿舍展開全新的生活，「咻！」這顆氣球快速地洩氣在清新自由的空氣中飄轉後落地。可以體諒，過完這麼高壓的生活後，只要是人，多半都想要好好放鬆。

　　許多人剛踏進大學這塊全新的領域，都抱持「先玩再說」的心態。還記得我上大一時，家住屏東，學校在淡水，勢必得住校。當了班代，參加各種系學會、校友會辦給大一的活動，甚至還額外參加了一個國際性的社團。就這樣參與了各社團的活動，甚至到後期也參與籌備活動的行列。

　　由於在系上擔任班代的緣故，帶領班上的同學參與教官在國小的反霸凌教育宣導活動，安排人員演戲、做道具、舞台設計、音效，與另一位同學擔任主持人。在系學會，學長姐辦的各種迎新宿營、球衣派對，無一缺席。在國際性社團，積極參與社團舉辦的演講。在校友會，更是瘋狂夜烤、夜遊、文化週、返鄉服務隊，成為每一張簽到單上的一分子。由於宿舍沒有門禁，有時深夜12點都還在學校或是消夜小攤間遊蕩。就這樣，我大一的記憶真的都是在玩社團！

　　這時可能會有人質疑：學店很好混嗎？是不是幾乎被當光了？不，大一上學期結束時，我的成績是全班第六名。我必須承認，當時確實對於自己上了一所私立大學感到不悅，但至少選擇的科系是喜愛的英文系。我不斷地告訴自己：「**這是你熱愛的科系，要好好念。**」不論深夜幾點回宿舍，隔天早上八點的教室，我絕對會在裡面。

　　玩那麼多好嗎？沒有絕對的好，也沒有絕對的壞。唯一的壞處可能就是天天睡眠不足吧！不過，看看我系上的一位同學，他沒有玩社團，整天就是在宿舍裡打《英雄聯盟》，從天亮打到天黑，打累了就去睡，睡過頭了沒關係，就翹掉一堂課而已，老師也不見得會點名。期中考前問問我：「**老師有說要考什麼重點嗎？西洋文學概論某某作品有中譯版？**」你說呢？比起整天在宿舍裡對著螢幕裡喊著「中路衝阿」，去社團多看看不同的事物，不論是跳舞、運

動、玩樂器、辦活動，至少都有跟人接觸。

　　人際關係是人生很重要的課題，但鮮少有人告訴我們該怎麼做。走出宿舍的大門，多參加活動，多認識人，這都是與人相處的機會。大學畢業後，升學要面試，找工作要面試，如何留下好的印象？進了新學校、新公司，如何與人互動？這些看似微不足道的小事，卻是能左右我們的生活大事。

　　到了大一下學期，我還是不斷地玩各種新鮮事，但也注意到學校各系所開始公告雙主修、輔系、學程，各種為自己增加第二專長的機會。剛升上高中的我曾與友人到大型補習班試聽過，看著控制數百人的台上講師，讓當老師這件事放在我內心深處，開始認真思考自己是不是要輔修額外的課程。大一上學期的社團參與中，大大小小的活動給了我數次在多人面前開口講話的機會，想一想，我似乎是個不會在台上講話緊張的人。但是，這些都還未燃起我去申請報考教育學程的動機。

　　激起我遞交申請報名的是，我在一場教育學程的說明會中，聽到了一則訊息：「**今年是我們第一年向教育部申請到卓越師資生的名額，每位可以一個月獲得8000元的獎學金，領到畢業！**」師資培育中心的主任朝氣活力地在台上宣傳著，即便沒有麥克風的輔助，每月8000元的消息，穿進耳膜，直達腦門。我一聽到這句話就決定報考教育學程。對於一個大學生來說，一個月多一筆額外的收入，何樂不為？就這樣，帶著膚淺愛錢的想法，開啟了不一樣的道路，讓我多了一個身分──張老師？！

　　開始了報考流程，成績審核、筆試、面試，三項關卡之後，終於拿到了教育學程修讀的門票。精彩的還在後頭，徵選15位的卓越師資生名額。我還沒做任何評估就先報名了，之後開始想著要試教

的內容，在這之前我完全沒有任何的教學經驗，到底要怎麼做才能勝出？思考的同時，也安撫自己緊張的情緒，心想著這是第一屆，大家都沒經驗，基本上所有報名的人都站在一樣的起跑點，評審也沒有先前的經驗可以比較，所以只要夠沉穩，講得夠清楚，基本上都還很有機會。後來選定了試教主題——假設語氣，但是「我要怎麼教？」「教材呢？」「PPT？」都沒有定案，只有初步的想法，這時我不知道哪來的勇氣，或者可以說是參加社團時辦活動的經驗告訴我，陷入關卡跨不過去時，有兩個方案，一是自己慢慢摸索過去，二是趕快找人幫忙。

眼看試教甄選的日期越來越近，我選了方案二。不過要找誰？我才大一，學校的老師沒認識幾位。首先我寫了一封電子郵件給我高中的導師兼英文老師，簡單說明粗略的想法，過幾天老師回信了，信中給了滿滿的建議，我也這樣和老師往返了幾封信。接著，我也將這件事告訴了一位待我很好的英文補習班老師，他二話不說，直接將他教假設語氣的講義資料寄給我參考。對於一位補習班老師來說，講義幾乎是與生命同等重要的資料，老師直接給了我電子檔，並告訴我可以怎麼教。最後，我想到這場甄選的評審是大學教授及高中主任校長。高中老師的觀點我有了，大學教授喜歡什麼口味呢？我找上了一位大一教我英文作文的老師，當時純粹覺得他是所有我任課老師之中，最年輕的一位，應該會比較友善。在某次上課後，我直接簡單地告訴他關於甄選的事，並詢問他的觀點，離開前他告訴我：「Daniel，把你的email留給我，我寄一份PPT給你。」

集結了三位老師的專業經驗，關在宿舍練習講解，甚至厚著臉皮拜託了一群朋友扮演學生，讓我練習在眾多人面前講課不緊張。最後，我順利地拿到這筆獎學金的受獎資格。

獲得這項殊榮，固然興奮。但這時候，我心中似乎更篤定了自己對教師這職業的憧憬和嚮往。「**我高中畢業了，既不是全班最優秀的學生，也不是上了前幾志願的學校，當時的老師竟然願意花額外的時間給我建議通信。補習班老師除了把他的講義寶典給一位遠在北部的學生，也告訴這位學生講解的要點。一位新進的大學教授，用他的課餘時間提點一個只在大一作文出現過的學生，也把PPT寄送給這位學生參考。**」這些聲音不斷在我腦中迴盪。油然而生地敬佩這三位為學生不求回報、無私奉獻的老師。畢業後，高中老師大可以繁忙為由不理會我的信件；補習班老師更是沒有必要幫我，他只要假裝忘記有這位學生就好；大學教授大概也能敷衍一番，用不著給我PPT。此刻，「只想」月領八千的想法似乎有點變了。但是也不知道變了什麼，大概是我好想變得跟這些老師一樣。

　　大一的日子告訴我，剛上大學，與其要整天關在宿舍裡，沉浸於遊戲世界或追劇天堂，不如多走出去瘋狂地玩社團吧！不過，野放在外的歡樂大學世界，少了父母及高中老師的束縛後，玩樂之餘，別忘了，自己還是位學生，學好課業，也學好自我管理。當我們在電話那頭向關心自己的父母說出「不用管我！」時，先問問是否「管好自己」了。同時，也得盤算著大二要做什麼。輔修額外課程，打工，還是接任社團幹部？這又回到了「知道自己要什麼」這項課題。

大學新鮮人的必修學分：**好好地玩，玩出自律。**

4 | High！我的社團時代

　　新鮮人的保存期限過了。大二、大三這兩年，對一部分的人來講，可以說是過得很充實；對另一部分的人來說是廢爛。大一新生被稱為新鮮人，我喜歡將大二、大三比喻成大學時期的青壯年期。

　　大一結束前，我們應該在自己的人生GPS中，定位大二至大三的經緯度。這兩年，可以有很多選擇，不同的比例配置。可以選擇開始鑽研學術專業、接任社團幹部學習初階的領導管理、找份兼職工作或實習增加自己實務經驗及口袋深度等等。關於我呢，我大學的壯年期非常地瘋狂，現在想起來都會疑惑自己到底為何有這些時間做這麼多事。

　　簡述一下，這段期間，我繼續玩社團，而且變本加厲活動越辦越大，最後以承辦了五天的全校性社團培訓活動為自己的社團人生劃下句點。除了原本的榮譽學程，再加上大一申請的教育學程，想當然課業也日漸繁重，一個禮拜的課表，就像是高中生的課表。

　　由於教育學程的緣故，我也開始多了不少教學方面的工作，不論是與學校配合的服務時數，或是自己額外的家教、補習班工作。確定想出國念研究所後，著手準備科技部的研究計畫。這大概就是我壯年期所做的事，不過儘管有如此多的外務，我仍堅守最原始的身分——英文系的學生，絲毫沒有放掉本系課業。

　　大學青壯年期，有這麼多事情可以做。除了自己本系的專業外，我們一件一件談，先從參與社團開始吧。

參與社團活動一直以來都有正反兩面的聲音。有的人認為參加社團浪費時間沒有意義；另外一派的人認為，能獲得籌備活動及與人互動的經驗，這兩種意見我都支持。以下分享我參與社團的經驗。

參加社團活動的正面影響

1. 培養多元技能

　　大一跑過了一輪的社團活動後，大致都已對整體活動的流程有些了解，接著就會開始接任社團幹部，多點磨練後，就能承接協辦學校性的活動。參與在這些活動及流程之中，從撰寫企劃書至與學校師長開會，乃至最後實際活動當下的應變，這些或許都是未來在職場上會用到的技能。但在我們從小到大的教育中，並沒有特定的課程或訓練讓我們有機會輸入這些能力。

　　若不從社團經驗裡做中學，你能在哪裡免付費、免付責任地學呢？在學校社團辦活動，基本上不用付錢，有很多學長姐或是課外活動輔導組的師長，都願意傾囊相授，提點各種活動須注意的面向。更重要的一點是，身為活動籌備人員，當然必須對你的活動負起全責，倘若最糟的狀況發生，即便搞砸了活動，也不會受到多大懲處。換個情境，若是毀了公司的活動，勢必會有處罰，可能還會面臨被炒魷魚的風險。以很現實及實際的角度評估，不需付出所謂的學費，就能學到一些技能，也不太需要擔心活動失敗後所帶來的壓力。就個人課業專業外的軟實力培養而言，其實參加社團會是一個不錯的選擇。

　　還記得我成為一位能指導學弟妹的幹部時，也無條件地分享了很多技能。例如活動發想的設計、流程的安排規劃，甚至是WORD

文書系統的排版，不要小看這項技能，很多人與「定位點」是陌生人，到現在都還是使用空白鍵及enter鍵來對齊文字。你說這與職場無關嗎？

2. 培養管理能力，累積不同經驗

在社團的生活中，漸漸地我開始擔任要職，不論是管人還是管事，數次帶領偏鄉教育服務隊、前往基金會簡報爭取經費、擔任學校大型晚會主持人、協辦全校社團的訓練研習會。五花八門的經驗，只要有人找上我，在時間體力許可的情況下，我一定會接。除了想累積各方面的經驗外，也想透過辦理這些活動的過程中，找尋除了教師之外，其他行業發展的可能性。果真，在我大學畢業前，甚至尚未服役，我就接到一位熟稔長輩引薦的工作，是一份活動公關公司的行銷企劃專員的職位。

3. 培養「看人」&「做人」的能力

社團參與的經驗中，除了學會把事情做好外，要學會「看人」，也要學會「做人」。很多學長姐或師長，都會告訴我們大學生活就是要多多認識人，建立人脈。對我而言，多認識人並不是首要任務，重要的是學會看人。畢竟，認識了很多人，然後呢？參加各式各樣的聯誼、活動、課程，現代人交朋友的方式就是拿起手機成為臉書好友或是加通訊軟體。數以千計的臉書好友名單，意義何在？某個活動認識的李某、陳某，數個月後你們還會再聯絡嗎？還是就成為臉書聊天室裡，那顆永遠不會點下去開啟對談的小綠光點？與其認識很多人，看起來像風雲人物般，不如趁此時，學會看人。

在與人互動的過程中，你會發現與哪些人的磁場對盤或是不適合，跟哪些性質的人合作會事半功倍。在這期間，請不斷強化自身

篩選人的雷達，就是在人海中挑出能與自己合作匹配的人選，進而共組團隊。這項技能學好後，大學最後一年，大四的畢業專題保證讓你與同組組員合作無間。否則，屆時別怨天尤人為何遇到雷包組員，要怪就怪自己沒有具備「看人」的技能。

看人，還有另一個層面，看出你要相處的對象偏好的相處模式。接著就是學會如何做人的時候。這並不是要把自己變成迎合他人或是愛拍馬屁的人，而是，你看出了對方喜愛的行為模式後，在與他的互動過程中，去因應配合他，進而達到彼此的平衡點。把這項技能搬到職場上，若主管喜歡主動發言表達意見的職員，就該表現出這個樣子，而不是被動等著被指揮。舉個我在當兵期間的例子。每當我們團隊在執行任務時，我刻意展現了「我能控制管理跟我一起做事的班兵」的特質。幾個禮拜過後，長官就授權給我管理一些相關事務、安排人力。看透了同梯弟兄們的需求，在安排人力上動了點手腳，他們開心，我也輕鬆，每日任務幾乎都圓滿完成，長官更是欣喜。就這樣，會看人、會做人，後期幾乎天天到辦公室協助處理長官們的大小業務，他們開心有人來處理這些事，我也開心可以輕鬆地在辦公室用頭腦做事。獲得這般待遇我也覺得莫名其妙，畢竟我是個連丟手榴彈，都會丟在炸死自己與同袍的危險範圍內的天兵。但在這之外，我做人十分成功。

當兵的例子或許對有些讀者來說有點陌生，再分享一個在英國求學的經驗。面對來自四面八方的同學們，每人個性及做事風格截然不同，平常大家都可以是上課討論時的好同學、下課酒吧裡的好朋友，然而，分組報告這戰場上，就必須要慎選隊友！這可能不是通則，但就當時我的觀察是，歐洲臉孔的同學很會講，有自信到天花亂墜，極具演說魅力，但缺點就是懶惰、做事不可靠；亞洲臉孔的同學，演說展現確實沒有歐洲同學來得有吸引力，不過我們很擅

長簡化複雜的資訊，也擅於組織統整簡報。剛好某學期的一門報告由我統籌我們小組的分工，要報告一種研究方法及一篇期刊文章，我當機立斷，請兩位歐洲同學負責收集資料以及開頭的簡介、最後的總結（正好符合他們的特質：小組會議時拋出了很多有趣的討論；當天簡報時也是舌燦蓮花地開場並畫龍點睛地收尾）。我與另外一位日本同學，在小組會議時負責統合大家的想法，並製作簡單易懂的簡報，負責報告研究方法及數據分析（正是我們的專長，精確清楚地呈現單調的文獻、研究步驟及惱人的統計結果）。綜合不同人的不同專才，成功達陣，教授下課後還跑來跟我們小組說今天講得很好，頭尾精彩、過程明瞭，看來我的巧思奏效了。

　　會看人，看到對方的需求及強項；會做人，相處間滿足對方的需求，抓到平衡。綜合兩點，發揮合作時的最大效益。我從社團經驗得到的技能，受用至今。

參加社團活動的負面影響

1. 毫無規劃，盲目參與

　　談完了參與社團的好處，接著談談負面影響。確實有一派參加社團人士的行為，會讓人覺得玩社團就是浪費時間。第一，「不知道幹麼，大家都去了我也一起去」的這種心態相當普遍。一個人的盲從，會讓大學青壯年期多了許多無謂的忙碌。在玩社團之前，請問問自己為什麼要做這件事。結束之後，也問問自己得到了／學了什麼。如果這兩個問題都回答不出來，可以考慮直接退出，因為你並不清楚自己所走的每一步意義何在，像是浮萍一樣跟著外在的力量，隨波逐流，流過許多地方，但卻也無法在任何一處扎下深根。

做得廣不如做得深，並培養專業。我擁有多次偏鄉教育服務隊的經驗，從組員一路到執行帶領幹部，各個面向的經驗都有。到後來，學弟妹們只要有任何關於偏鄉教育服務隊的問題，就會得到類似的解答：從我昔日的團隊成員口中得到「**這個喔！可以去問張育聖**」；從他們同屆社團成員中打聽到「**課程規劃，應該可以問育聖學長**」，諸如此類。在社團內，我扛著偏鄉教育服務隊的專業，每當要將企劃書送給服務學校及大學端審核前，學弟妹們總會帶著厚厚一疊書面資料前來與我討論。此時，在這社團的圈子裡，談到偏鄉教育服務隊，大家就會與張育聖三個字聯想。將專業與你本人姓名連結在一起，這樣的社團經驗才會有意義。

2. 過度投入，影響課業

第二個負面影響是過於投入社團，乃至廢寢忘食、荒廢學業。很多青壯年期的人士，滿腔熱血一頭栽進籌備社團的輪迴之中，就像邪教一樣。這群人認為，什麼都不重要，辦好活動是生命，使命必達。然而，他們卻忘了自己還是學生，不是企劃專員。當你陶醉於社團活動時，請時時刻刻提醒自己，被當或被二一，畢不了業，鮮少有公司願意聘請沒有大學學歷的企劃專員。我們可以積極地參與多樣的社團活動，增加歷練，但是永遠不要忘記自己是位學生，得顧好本業後再去經營副業。我玩了三年的社團，每學期接近30學分的課表，始終仍維持全班前三名的成績。因為我秉持著一項信念：有本事籌備活動到清晨三點，就要有本事爬起來上早八的課！

大學青壯年期的必修學分：
管理社團，也經營自己。

5 | 玩瘋？有專業，人生不完封！

　　大學玩社團能豐富我們的青春，結交好友甚至是伴侶，共創許多年少的記憶。但上大學不光是開開心心地玩社團，而是找到興趣、培養專業，發展成——興趣裡有專業，專業裡有興趣。我很幸運地，能在興趣與專業中找到平衡。

　　誰說興趣不能當飯吃。還記得前幾節提到，自從獲得教育部獎學金這樣的頭銜後，增加了許多與國高中合作的機會，讓我這還在接受訓練的職前師資生，能有上台教課、輔導學生的機會。除了中學的服務外，我也投入了補教領域，開始從社區中小型的補習班，爭取英文授課講師的職位。

　　可能就是臉皮夠厚，加上社團的歷練，時常站上大場合主持活動，讓我多次在補習班的試教表現都還算水準之上，因而順利獲得教職。有穩健的台風及口條不夠，甚至只有英文好也還不夠，因為「教」英文是一門專業，要怎麼在得當的時間內，讓台下的學生聽懂教授的內容，這就是專業的培養。

　　大三的生活，我比誰都忙碌。爆表的學分、中學學生英語輔導的工作、剛踏入的補教領域、為研究所準備的研究計畫，還有繼續玩的社團。沒有一刻是停歇的，甚至暑假也是過著比學期間更繁忙的日程。

大學期間就要培養專業

1. 我的第一項專業：教英文

　　培養專業，怎麼培養？就我個人的經驗是，當還是位該領域「新人」時，就多方爭取表現的機會。因為當你還是小菜鳥時，犯了錯通常不會有太大的威脅。同時，職場上的前輩也很願意分享。我在大學時期累積了不少教學時數，不論是中學內的或是補教界的，對我來說都是不斷地刷新自己教學的邏輯及技能。這時期，搞爛了還有救，原因有二：還沒什麼人認識你，以及你還有學生的身分。話說如此，還是要趕快拉回正軌，千萬不要持續擺爛。台灣是很小的一塊島，加上許多愛談論他人是非的正義使者，什麼消息都會飛快地流竄。而這階段的我，就是秉持著多試驗學習並求精進的精神，在培養我自身的教學專業。

　　這麼說起來，這幾年的學生似乎成為了教學前期的白老鼠。一方面是，感謝他們讓我有很多機會在課堂上教學相長，另一方面是，則為我乳臭未乾的英語專業及教學技巧感到抱歉。大二的暑假到了一所國立高中，在一位校內老師的指導下，我接下了暑期英語的加強課程。某次的教學期間，印象十分深刻，我正在教too...to及so that的句型，在講課的過程中，我犯了嚴重的錯誤，轉換句型時，忘了補上受詞。就這樣，我滔滔不絕地講了一節課。學生沒有發現嗎？很不巧地，沒有。因為這是英語加強課程，學生百分百信任老師。指導老師呢？是的，老師坐在後面，當下她就發現了，但為了顧及我的面子，她並沒有立刻打斷我的教學。反倒是，下課後還以「筆誤」的錯誤提醒我，而我也確定自己並不是筆誤，是真的忘了！下堂課立即跟學生道歉並修正。

就這樣，從大二起的各種教學訓練，確實快速地培養我教英文的專業。直到後來，畢業後分發至學校進行教育實習時，我很有自信地感受到，我教英文的能力，是在其他同期的教育實習生之上的。不同的教學經驗中，我知道中學教育現場需要怎樣的英語教學，同時，我也在補教領域中學到另一層面的教學技巧。兩相結合下，我也慢慢有了自己的教學風格。

從社團活動中，我發現自己喜歡與人互動，喜歡站在台上，拿著麥克風對著一群人講講話，從活動到真實站上講台的教學訓練——我喜歡教書，而教書也是我的專業。自己說是專業好像太自大了，但我的確擁有教育部背書的楷模獎；而且就算已不在教學現場，先前的學生還會來請益英文問題。

花了大學三年的時間，我找到興趣，也培養了第一項專業，也就是教英文。

2. 我的第二項專業：累積學術專業

第二項專業起源於念國外研究所的念頭。先前，跟各位談過，在大學時期，我是一位很沒有自信的私校生，沒信心到，不敢跟別人說出我是念什麼大學的。想一圓兒時從來沒有達成的名校夢，以及經濟有限的情況下，讓我決定既然要出國，就是要念好學校，不只要學術成就好，名聲也要好。畢竟念碩士的資金投下去，差不多的錢，當然也要換張好學校的繳款收據——畢業證書。於是國外野雞大學不在我的名單內。再加上，我並不是高喊學歷不重要的偽善者。

重點來了，一般般沒什麼特色的私校生，要怎麼在眾多申請者中脫穎而出？單純GPA高是不夠的，大學在校成績好，只是申請研

究所的基本盤。憑足夠的教學經驗，也有點危險。很多在職老師也會申請國外研究所，甚至是台灣頂大的外文系學生也有很多的教學經驗。研究所要的，是研究的能力。雖然申請要求中，學術研究不是必備，但如果有，會讓我很不一樣！但是，擁有學術研究能力，也不是自己說說就算了，要有證據。

後來，我找到了「科技部大專生研究計畫」，透過這個證明我有學術研究的經驗。而這個計畫需要有位指導教授，同樣的問題又出現了，我要找誰？這麼巧的，申請計畫的這學期，我正在自己大一作文老師的學術英語寫作的課堂中（**我和這位教授的緣分起點，可參考p.025**）。再一次，厚臉皮的我，帶著很初始的想法及計畫，連一張A4紙都沒有，就在課後，以口述的方式向老師說明。現在想起來，當時勇氣可嘉之餘，臉皮也很厚。

老師請我到他研究室，詳細地與我討論計畫執行的方向。最後，老師答應了！從那刻起，我接受了老師專業的學術指導，即使到畢業後，他仍繼續給我各方面的專業建議，是我大學的恩師。

額外的課餘時間、假日，甚至是寒、暑假前期，只要我有任何需要討論的或是完稿後的章節需要老師給建議的，一封電子郵件，老師總是迅速地安排見面的時間。每每他的指導，都讓我超乎想像，這真的是一位老師付出的範疇嗎？我並不是他的碩士生，我只是一位課堂上的學生。每次改稿件時，老師總是一字一句閱讀我的初稿，不嫌棄我中文差、英文也差的表達能力，一直與我討論我的想法，並教導更進階的學術英文寫作技巧。另外，我的研究成果需要使用統計軟體SPSS分析數據，他大可以叫我自己看書學，卻耐心地一個一個步驟教我如何操作，宛如在上一堂統計家教課。有關老師的傾囊相授，難以道盡。

　　在老師一對一的指導下，我培養了我第二項專業：學術研究的能力。我通過科技部的大專生研究計畫，如期完成結案報告；離開台灣前，也累積了兩篇國際研討會的論文。在大專生的研究計畫中，英語教學及語言學的研究相對稀少。此外，在所有大學生中，能在畢業前就能有研討會論文發表經驗的人，也是少數。兩者結合，這項專業，讓我在申請英國研究中的文件中，加分不少。

3. 我的第三項專業（技能）：將結果的利益最大化

　　除了前兩項教學及學術專業外，在這之中讓我發現了我第三項專業。不，不能稱此為專業，我稱呼它「生存的技能」，就是將所做事情的結果，利益最大化。

　　這麼說來似乎有點現實及功利主義。然而，時間就這麼少，要做的事情卻這麼多，當然需要有計畫性地盤算自己要做的事項。就拿上述的科技部大專生研究計畫為例。我當時是教育部的受獎生，不過，當然不是沒事做就爽爽領錢而已。除了要維持課業成績，還需要完成每一學期的義務教學時數（簡單來說，這些時數是不能跟學校拿鐘點費的，真的是義務付出）。這些教學我本來就要做，而達到的成果就是完成教育部的教學時數。腦袋一變通，我把科技部的計畫，搭上這個原本就要做的義務教學，做了一項暑期的教學實驗，完成了科技部的結案報告。做一件事情，達成兩件功效，而且是在合乎法條之下，並沒有任何的違規。完成既定的教學時數，持續練習教學技能，順利接續該年的獎學金；完成科技部的計畫，培養了學術研究能力，也獲得了研究補助。在履歷上，更是添上一筆漂亮的紀錄。那年的暑假，皆大歡喜。

很多人都會問我，為什麼可以一次同時同步做這麼多事情，原因在此，不要將一件事情限定在只有一項成果的框架中。已經花費時間及精力了，在不違反任何規範下，何不將其結果的利益最大化？

在大學學習的場域中，大學生們有多方嘗試的機會；有犯錯能被原諒的特權，只要時時刻刻虛心學習著不足，並精進自我，勢必能為自己的升學或求職履歷，增添自我特色。

看似繁雜的課題，其實只要一個想法為出發點——「我要什麼？該如何達成？」透過「有計畫性」的安排，就能將原本看似不相關的進程，點線面地相連，進而收割豐盛的成果。

培養專業的路途，或許不是很好走，但這些都是經歷堆疊的成長過程，都值得被看見。就像我一樣，平凡普通的私校生，也能稍微不平凡，進而被看見。

大學青壯年期的必修學分，第二堂：
培養專業，點線面地系統性規劃能力。

6 │ 萬年討論題：大學要打工嗎？

　　大學時期該不該打工呢？正反面意見似乎又在光譜的兩端，非常極端的主題。在這裡，我以有無經濟壓力，以及打工的好、壞處，兩大分類談談我的看法。

　　依照心理學家馬斯洛提出的需求層次理論，若是你沒有因為金錢因素而產生要不要去打工的考量，基本上你算是相對幸福的人。因為你的煩惱已經在是社交需求之上，不需要為生理及安全需求煩惱。你有權利可以考慮是否要打工。對於有些人來說，他們是被迫去打工，最常見的原因就是礙於經濟的壓力。

　　簡介一下我個人的背景，我幸運且幸福地過完沒有經濟壓力的大學生活，同時，額外的經濟來源是獎學金、補習班的工作，偶爾翻譯中英文稿件。

　　先從現實層面來談，有經濟壓力的同學可能需要養活自己，甚至還需要金援家庭。對於他們而言，打工賺取額外的生活必要支出，變成了他們生活的重心。因為沒有這些收入，他可能無法繼續繳交下個學期的學費、住宿費，甚至連平日的餐費都要擔心。無庸置疑地，他們需要一份工作，讓他們完成大學學業。

　　或許，這就是社會的不公平。我一直不相信「人人生而平等」這句話。在你出生的那一刻起，不公平的人生就已經開始了。

　　不過，也不用太過悲觀，現在很多學校都針對有經濟需求的同學，推出一些校內工讀的方案，讓他們不需要在外奔波，在校內的行政單位或教學單位工作，每個月都有一筆穩定的收入。

　　相反地，沒有經濟壓力的同學，也會選擇去打工。在這族群中的某些人，自認為有經濟壓力。然而，他們的壓力是來自於，父母給的零用金不夠用，在意自己能不能多買一些潮牌、多去一些高級餐廳、多唱幾次KTV、多幾次出遊、能不能跟上潮流換蘋果的新系列。為了滿足這些不必要的物質慾望而跑去打工的人，我就會認為，他們在賤賣自己的黃金時間。在大學期間，你有很多的機會及時間，可以為自己增能，相較被迫打工的同學，你有更多的成本可以探索自己的未來志向及興趣。卻為了與同學比較行頭，或是為了社交王子、公主的娛樂需求，虛耗了自己「需要學習」的時間。

　　所有的物質，時間潮流一過，都會貶值。而投資在自己身上的知識及技能，是會讓自己增值的，倒不如設法規劃如何讓自己增值。在大學時期靠打工滿足這些物質慾望，雖然當下看起來亮麗風光，但畢了業，進了職場，你絕對還是靠打工滿足物質慾望，可怕

吧！這是我身旁友人的親身經驗。大學時，靠著打工，過上挺不錯的生活，但他對念的科系沒有興趣，也沒培養自己的專業技能，不思索更長遠的目標。反倒是，一頭栽進打工所換來的金錢享受中。一畢業，自身籌碼當然不足，拿什麼與他人競爭，現在的他，似乎還是從事著打工性質的工作。

這種人往往會以打工可以獲得人生經驗，來自我安慰。說穿了僅是在消耗自己未來的籌碼。對這位友人來說，其實念大學，除了收集一張繳費收據，其實沒什麼特別的意義，他大可以休學打工去。

我想說的是，大學時期打工，對於未來有沒有助益，見仁見智，端看個人對於打工的目標設定及期望。假使有迫切的金錢需求，選了什麼工作其實就不那麼重要，重點是立即且穩定的進帳。另一方面，對於沒有經濟壓力的同學來說，倒是建議可以挑選符合自己興趣或未來想從事的領域嘗試。此時，打工的薪水就不用擺在優先考量了，反而是這份工作能不能學到你需要的，及對你個人各方面的能力養成是否有助益。

除了打工，業界實習也是一種選擇。畢竟，很多人到頭來發現對於自己選的科系，沒有那麼熱愛，也沒有足夠的熱忱以此為生。不幸的是，很多人到大三或大四才突然大徹大悟，此刻，轉系或轉學考，再也不是最佳首選。畢業後，不見得也從事自己科系相關的工作，現在的社會，需要「跨領域」的人才！這也是我前幾節不斷提到的，社團可以玩，但也要思考在玩什麼、帶走了什麼，而不是一味地瞎玩。

此外，大學四年，其實有很多的機會可以探索自己的興趣及培養專業。如果你現在是準大學新鮮人或還是大學生，真的要好好思考自己想要什麼。我們都很清楚，在高中階段，那幾堂的生涯輔

導課，除非你心智已定，要不然對多數的人來說，根本無法好好了解，所謂的有興趣的學群或科系。錯過了高中的機會，千萬不要在大學畢業後，再次後悔！

打工帶來的壞處就不必多說，正如前面所述，如果為了物質享受而跑去打工，不如增強自己的專業能力，甚至是發掘興趣都好。「你的興趣是什麼？」問十個有五個會回答「聽／唱歌、看電影、逛街」。這些真的是興趣嗎？

打工能提早接觸社會，看透社會的黑暗面，看見職場如何剝削最底層的人員。不用等到畢業進公司就可以先看懂，並且先學會，這個社會是如何運作——權力遊戲。現實層面來說，先學會看長官臉色，怎麼建立職場的社交關係，還有最重要的技能：如何防小人。察言觀色，稱得上是打工帶來的附帶好處，至少不用到真正踏入職場，踩了好幾顆地雷後才學會。察言觀色說來簡單，但做得好的還真是不多，若去打工了，不妨先練習。

雖然提早看清現實，對整個社會運作體制深感絕望，但是在漸漸社會化過程中，一定要堅守自己初心與因應外界面具間的平衡，找到自己可以怡然自得的立足點。

在前一節，我提到了結果利益最大化的概念。這當然也可以運用在打工上面，但就要看你如何選擇這份工作。不過，這有一個先決條件，是你必須已經清楚未來的職涯規劃，確定興趣和方向。開始找尋相關的業界實習或是兼職人員，除了體驗工作外，同時能在身為打工仔路程中，為自己未來鋪路。可能畢業後，就能轉正職，或是擁有比別人更好的籌碼，轉戰更高階的工作。因為在職場中，很多工作需要有工作經驗，但卻又不給社會新鮮人機會。所以，工

作經驗從何而來？大學時的課餘打工，就是培養專業或尋找興趣的另一途徑。

　　因此，真心建議大學生倘若在沒有經濟壓力的前提之下，想要打工，請選擇一份有「專業發展性」的課後工讀。假使只單純為了賺錢，選擇了餐館的服務業（這裡沒有對餐飲服務業不敬，僅是這個打工類別是在大學生中最普遍的，僅此舉例），不如把這時間花在學習，或是培養系上專業外的第二專長。除非，你未來志在餐飲服務，那就歡迎到現場學習，獲取實務經驗。

　　出了社會後，有些人很幸運，能從事自己喜歡有興趣的工作，並且能養活自己。但是，不幸的那群人呢？可能興趣無法撐起他的生活所需，或是工作與興趣背道而馳，單純只為生活而工作。這些問題可能基於機運不對，但某種程度能歸咎於大學時自己的任何決定！

　　大學能不能打工呢？可以，但千萬注意別在最該學習增能的時期，選擇盲目賺錢，會親手毀掉未來自己發展的空間。因為回過頭來，你會發現，大學四年除了勞力工、勞力財，沒有辦法帶走讀大學該帶走的東西。（這樣的結論聽來刺耳，但有多少大學生為了享樂增加零用錢，而從事不需要大學專業就能從事的工讀？）

打工前，先想想打工的目的為何。
能說服自己嗎？

7 | 想出國了——出發總要有個方向

　　正如前幾節談到的，大學時，我就開始站在講台上，左手握麥克風，右手握粉筆，當一位菜味十足的英文老師。漸漸地，喜歡上教英文這件事。想念研究所的轉捩點是遇到我大學的指導教授之後，接觸了學術英文寫作、語料庫語言學、教學法的研究與應用。大三時，投了「科技部大專生研究計畫」的申請案，順利申請上後，就開始學習質／量化研究的方法，包含統計軟體的操作、現象學研究。陸續也發表了兩篇，以教學法及高中生英文作文為主題的國際研討會論文。這些訓練的過程，讓我開始對語言教學研究產生興趣，大三結束後，立志想出國念研究所。

　　不過，想出國，也得要有個方向。為什麼是英國？為什麼是這間學校、這系所？其實有很多原因，但主要的原因是以下幾點。第一，以英國的學制來說，花一年就能拿到碩士；我沒有寬裕的經濟背景，花一年拿到碩士學位，個人覺得很值得（當然一定有人覺得這原因很膚淺）。第二，大學念了很多來自英國的文學作品，當時就很想到那些作品的出產地看看，到底是怎樣的人文、自然、社會背景，能讓作家產出質量俱佳的文學創作。最後，就是我對英國的偏愛大過於美國，畢竟是要長住一年的國家，當然還是要選自己喜歡的地方才能過得快樂。

　　選校系的過程中，我詳細研究各校的開課內容，挑選比較有搭配到應用語言學領域的校系，捨棄純英語教學，因為個人覺得在台灣上了很多英語教學的課程，不想再修重複性太高的課。

　　確定學校及系所後，申請英國研究所，需要三寶：GPA、雅思

成績以及個人陳述（Personal Statement）。最重要也最令申請者頭痛的，不外乎就是個人陳述。撰寫個人陳述，就是一連串的自我包裝及行銷的過程。但是，絕對不要欺騙！有多少實力就寫多少話。這跟高中升大學的備審資料不一樣，不是什麼雜七雜八的證明都能放，放錯了可能還會被拒於門外。

研究所為更專精的學習領域，因此，申請者必須拿出證據，說服招生委員，為何要選你、你有什麼與別人不同之處。我個人的做法是，不直接了當地告訴招生委員或教授，我有什麼特質，或是我會什麼。反倒是透過明確生動的經驗或觀察，間接地告訴對方（show but not tell），我具備何種讀研究所的能力，讓對方學校感到我是有備而來。個人陳述是有亮點的，而不是千篇一律的八股論述。

此外，我會針對各學校細微修改個人陳述，不是同一份內容打遍天下。不過，當然不是每份都完完全全客製化，而是在主架構

不變下進行微調。大致定案後，請熟識的老師幫忙修正用字及文章連貫。我自己來來回回修改兩個月後才送件申請。最後，非常幸運地，我終於能進入心目中的第一志願就讀，一圓兒時達成不了的夢想！

離開台灣前，常常有人質疑我：應用語言學／英語教學的領域，已經一堆人修讀了，為什麼還要選？不怕學歷變水嗎？問到後來，都讓我有那麼一點動搖。然而，我就是有對這領域有所偏愛，想繼續鑽研。因為對商業管理不感興趣，我挑一個自己有興趣、有專長的科系來念，心想學歷就算變水，只要認真扎實地念，我也對得起自己。我一直以來都相信，要把自己當人才培養，而不要只當人力使用。因此，到了英國，我也是用盡心力，從「心」學習。

　　事實證明，學期結束後，即使身處在英國一年制密集教育的高壓之中，多次在萬字寫作裡掙扎，一度寫到懷疑自己的能力，我最後還是拿了優等碩士學位，學成歸國，也算是漂亮地回擊了那些質疑的聲音。

想靠自己出國，錢從哪裡來？

▶出國前，如何找金源

1. 獎學金：

　　此獎學金並不是指國外大學所給予的金援。就碩士學位而言，學校不太容易發放很大筆或是全額獎學金。當然也是會有幸運的例子，但每一所學校的規定、申請條件辦法不盡相同，這就得靠自己在欲申請校系的網站裡翻箱倒櫃，看最後能不能挖到寶。我個人當時是直接放棄這選項。不過，有一系所來信表示，若我有意願就讀，會頒發2000英鎊的獎學金，但經過各種評估後，我也放棄這筆獎學金，向我現在的母校投誠。

　　回到正題，我所說的獎學金是在大學時期，以學生身分申請來的獎學金。當然，這樣的情況，也無法適用每位想透過此一方式找到金源的人。我本身是拿了教育部的卓越師資培育獎學金（8000／月，大二至大四畢業）、執行大專生科技部計畫的補助。把書讀好，也可以賺錢。我當時系所排名都蠻前面的，因此學校及系所的獎學金也都會申請。此外，我同時也竭盡所能地挖取獎學金的資訊，例如鄉鎮市公所、地方農漁會，甚至是宗教團體也都會有頒發獎學金的機制。這類的獎學金分成兩種，清寒學子的補助及成績優異類

別，我本身是申請成績優異獎學金。讀書除了能強化自己的本職學能，也能無成本地賺取錢財。說實話，一年申請下來也是筆不小的數目，算是一項無成本投資！

最後，就是參加教授的實驗室。除了每個月能固定有一筆收入外，同時也培養研究技能。對於工學、化學、醫學類科的學生來說，有非常多的機會；人文學科的學生，也可以詢問認識的教授。只要開口，不怕沒有機會。

2. 全／兼職：

打工賺錢的性質，其實見仁見智。如果自身能力許可，加上有機會的話，可以多留意相對高報酬的工作。舉例來說，我從事補習班的工作、中英文稿件精修及筆譯，這部分多半是協助台灣碩博士生的論文摘要。另外，是友人的經驗，他接了口譯工作、專業技能的家教（非一般學科），甚至是操作特殊的電腦軟體分析資料，這些也都是相較於勞力工作來說，以比較低的工時換取高額的酬勞。

3. 留學貸款：

這部分網路上已經有很多善心人士整理出非常完整的資訊，大家可以上網找找。值得一提的是，除了教育部的留學貸款外，各家銀行也會有不同的方案。我一位研究所的同學申辦到十年免利息的留學貸款。

▶出國後，如何掌握當地生活開銷

1. 學費：

我認為學費也會是選校及系所的一大考量，在做功課時就會發現有些學校的學費比較貴，有可能是名氣、科系、地點等各種因素。決定自己理想學校時，必須要把學費納入考量，以我自己的經驗，學費差距可以來到6000多鎊。我自己學校的學費是18000多英鎊，當初另外一所在抉擇名單內的北邊學校則是逼近25000多鎊的金額阿！

2. 住宿：

有些人想要有良好的生活品質，在選擇學校宿舍時，會選擇住個人套房（有自己的衛浴設備），但是，我選了個人雅房，需要與八位室友共用共同空間、廚房及兩套衛浴設備。心想一整年沒收入又都在花錢，在寸土寸金的倫敦有間還可以的房間就好了，當初直接登記了學校最便宜的宿舍。另外，有一個好處就是，所有共同空間及衛浴，一到五的週間時間皆有專人打掃。對於還能接受與他人共用空間的留學生，其實個人雅房是不錯的選擇。

3. 交通：

倫敦有三項主要交通工具：地鐵、公車、「雙腳」。地鐵最貴，有分尖峰、離峰價格，即使在離峰搭乘，單程也要將近一百台幣。公車比較親民一點，一程要60台幣，有

學生優惠，可以辦理月票。不過，我並不會天天去學校，加上倫敦的上下班時刻，地鐵總是塞滿了人；公車除了人多擁擠外，有些路段還會塞車。天氣許可的情況下，經過我的計算，走路25～30分鐘到學校，會比走到搭車處、等車、下車、走到學校的時間還要快，因而我多半選擇步行且還能同時健走運動。

4. 伙食：

英國貴的是人力。買食物的「原型」是相當便宜的，有些食品甚至還比台灣販售的便宜。各大超市想必是眾多留學生的回憶，特別是在打烊前，會有許多折價、促銷品（reduced），常常挑個良辰吉日來挖寶。忙著寫作業的時候，煮一鍋咖哩、燉一鍋雞湯，都能吃上個三五天。偶爾週末幾餐再去外面放鬆享樂一下！外食動輒20～30鎊一餐，依多數人的情況應該是無法餐餐外食的。

5. 娛樂：

英國有很多不用花錢買門票的博物館、美術館。換個角度想，多去走幾圈的同時也是在賺門票錢。還有，往往都能用相當便宜的價格買到世界經典的名歌劇，看歌劇的錢真的可以不用省，多走幾趟路、多自己煮幾餐，就會有了。這樣無形的或非實體的商品，是很值得投資的精神糧食。

Chapter 2

放手一搏的飄泊，
從英國開始

在英國求學的時日，每一次的經歷、每一次的文化碰撞，都讓我得到看待這世界的新視角，時不時自嘲：「原來這世界不是我想得那麼簡單！」

1 | 你是誰，你清楚嗎？

你有英文名字嗎？我想大部分在看這篇的人都有。為什麼要有中文名字跟英文名字？不過，我始終不把這長期爭論不休的問題當一回事。反正怎樣都行——張育聖、Daniel，都是在叫我吧？！

"May I call you Irene?" "No! My name is..." 大三那年，其中一門主修是英國文學。老師在課堂上分享了這段簡短的對話。說來慚愧，當回想起這段記憶時，我完全忘了這是在探討哪篇文學著作時，老師所舉的例子，但我猜想應該是跟身分認同有關的作品。當下我應該只忙著抄寫下老師對此的觀點，好讓自己在申論題上拿高分，對這個例子完全不以為然。

大學畢業後一年，踏上英國的土地。在自願與被迫的情緒交雜下，參與各種聚會，認識同學、室友、朋友的朋友。儘管不知從何時起，極度厭惡大拜拜式的社交場合，但乍來異地，還是得建立一下自己的聯絡網。終究在見面寒暄後，彼此在臉書上確認了交友邀請。

"Hi, I am Daniel, from Taiwan." 通常我就是這麼簡短地介紹自己。

直到某一次沒來由地向芬蘭同學說明，我的臉書名字是中文羅馬拼音，而不是Daniel，好讓她知道是我。然而她的回覆，促使我勾起這段大學上課的回憶。

Hi Venla, I'm Daniel. My Facebook name is my Chinese name, so just let you know this is me.

（嗨，Venla！我是Daniel。我臉書上的名字是我的中文名，發這則訊息，讓你知道這是我。）

Hi! Yea, I thought it was you. 😎 May I ask, why don't you use this name in other occasion? Is it common to use two different names?

（嗨！我猜想這就是你沒錯。😎 我能問一下，你為何不在其他場合用中文名字呢？用兩個不同名字是很普遍的嗎？）

　　經她這麼無心的一問，我只好硬著頭皮回覆：多數的中文非母語人士通常對中文發音有困難，Daniel相對好念許多。"I know. That is interesting." Venla接著回覆我。我想只要有與英美人士接觸過的人，對interesting這個字通常都不會有太正面的解讀，特別是在這語境之下。我按下了張貼圖，結束了這尷尬的對話視窗。

　　到現在，這答案還是無法說服我自己。在英國，不，應該是全世界，所有的正式文件，入關的護照、申辦的簽證、繳交的論文，全部必須打上YU-SHENG CHANG。Daniel這英文名字說真的，幾乎用不到，也沒什麼特殊意涵。

那刻起，我試著問自己很多問題。

「**為什麼要取英文名字？**」嗯……真的沒答案。

「**Daniel是誰取的？**」我自己。

「**何時取Daniel？**」印象沒錯的話，是升高中時單純想換個英文名字。

「**為何選Daniel？**」好聽，身為哈利波特系列的影迷，就把飾演主角的名字Daniel Radcliffe拿來用。沒錯，我的英文名字，就這麼荒唐地誕生了，絲毫沒有任何意義。更糟的是，這還不是我第一個英文名字。小時候上兒童美語時，有一個；國中時期，又換了一個。幸好，高中意外出現的Daniel一路跟著我到現在。

到底為什麼我們要有英文名字，至今我仍想不透一個能使我信服的答案。

為了不會中文的人士便於發音，這個理由似乎也很牽強。日本人、韓國人、印度人，甚至是有些歐洲人的名字，並不會比中文發音來得容易。他們並沒有取個英文名迎合他人，反倒是用自己的母語姓名，介紹自己。

想想我們的中文名字，多數人應該是承襲家族使命傳統、父母的厚望，或是父母花了大把銀子請了跟你一輩子毫無關聯的算命仙算來的。不管來源如何，至少是熟思熟慮後產出的結果，跟著我們一輩子的結果。反觀，我們的英文名字是不是取得很隨便？相信你我身旁的友人問一圈後，大家的英文名字，有一半是來自兒童美語補習班老師。一進教室，拿來張名字列表，開始唸給你聽，在什麼都聽不懂的狀況下，只好選了一個聽起來悅耳的Melody（旋律）。

倘若不幸的話，就會選到Cherry或是Dick……**註**。

而談起這個議題，並不是要批判我們有英文名字這件事，或是挑起紛爭。我對擁有英文名字這件事的看法相當中立。對我來說，身旁的友人有沒有英文名字，真的不是很重要。重要的是，想想在人生中，我們做決定時，有多少時候或頻率，就像取英文名字的過程，如此隨意。

另外，回到前面提到英國文學課堂上的例子。當時老師的外籍同學，覺得她的名字實在不好發音，信手拈來地幫她取了英文名字Irene，並詢問她是否同意。老師強烈地拒絕，抗爭到底——"I'm XXX. Please call me XXX."之後，外籍同學牢牢記住老師的名字。

相較之下，在我自己的預設立場，認為外籍人士對於中文發音有困難，直接介紹自己為Daniel。這樣看來，事情都還沒著手進行，就因我事先設想的狀況，為自己鋪了一條為方便的路：用不著花心思矯正外籍人士對自己中文姓名的發音。連嘗試都不做，怎麼知道結果會如何？現在聽來，日韓同學的姓名也都被唸得相當清晰標準！

除了草率地做出影響人生的重大決定外，多少時候，我們連試都不試，就選擇了一條簡易方便的路途，卻不知道其實原本的道路，其實並不難走，也會是更好的選擇。

現在，我遵循原本的道路，中文名字就是我，不必再貼上一層方便發音的英文名字。

註 Cherry及Dick兩字作為名字，在英文中有不雅的意思。

"Hi, I am Yu-Sheng, from Taiwan." 改變以往簡短介紹，我會再問一句：「**如果你有興趣，我能為你解釋我名字的意義。**」

育，代表教育；聖，代表神聖。合在一起就是，教育是件神聖的工作。這就是為什麼我當老師。並再加上一句幽默地解釋，這也是我在這所學校念書的原因**註**。聽到最後一句，外籍同學通常都笑了，並給我個「正面」的interesting！同時複誦了幾聲我的名字並詢問我發音是否正確。

在英國，我慢慢地封存了Daniel。到頭來我發現，在我台灣人際圈裡，Daniel這名字出現的頻率，甚至比在英國高。好友除了叫綽號也叫我Daniel，老師叫我Daniel，學生也稱呼我Daniel老師，就連發郵件有時候也署上Best wishes, Daniel的結尾敬語。

你是誰？你的名字是什麼？你來自哪裡？暫時告別不知來自何處、不知為何擁有、在荒謬情況下產生的英文名字。下次遇到外籍人士時，不妨以自己的中文名字出場，並向他們介紹名字背後的價值。看似普通的自我介紹，背後其實蘊藏著身分認同大哉問──你是誰，由你決定。

談到台灣人的英文名字，讓我想到，有一次與樓友巴基斯坦小哥去申辦文件時，他瞄到我的護照，問說：「所以你是來自哪個國家？」

這又是另一則故事了。

註 我在英國念的學校，是世界上小有名氣的教育學院。

2 | 可以厭世地看人生但不要活得很厭世

在英國的日子，我最喜歡的交通工具就是自己的雙腳。一來，交通費實在不便宜；二來，搭乘英國的公車及地鐵時，人們都可以飲食，再加上歷史悠久，可想而知，整體的衛生環境一定不甚理想。只要天氣良好或是天色還早，我都會盡可能地走路，美其名是用雙腳感受城市，事實上，是想節省交通花費。

有一晚從圖書館準備回住所時，灰冷的世界飄起了大雨，我只好選擇搭公車。路途上，"Don't be so world-weary." （別這麼厭世。）我對一位穿著中學校服的黑人小弟這麼說。

這20分鐘的公車行駛間，我與黑人小弟的互動，至今，我仍記憶猶存。

從站牌上了車，公車的平面層還有兩個座位**註**。我走在前頭，上了整天課的黑人小弟跟著我的步伐，似乎也想在下班巔峰時刻中的擁擠公車上有歇息的空間。理所當然，我選了靠窗的位置，好讓黑人小弟可以直接坐在靠走道的位置。事情就這麼發生，靠走道的座位上有個飲用完的鐵罐，他看了一眼。同時，意外地我跟他有了眼神接觸，沒多想，我順手拿起鐵罐，雖然我也歷經整日論文進度的摧殘，但仍努力地擠出身為教育者的微笑，並說：「**我下車拿去丟，請坐吧！**」我沒有聽到期待中的「**謝謝**」，反倒是，他坐下後，拍掉我手上的鐵罐，掉落至地面的鏗鏘聲劃破了公車上的寧

註 英國公車多為雙層巴士，有上下兩層。

靜，頓時，我以為他要攻擊我，迅速將我的背包擋在他與我之間。直到他對我說：「**你不用這麼做。**」幸好，我所做的防備都是多餘的。

「**你不用這麼做。**」

「**為何？**」

「**跟英國人做一樣的事就好！**」

「**把垃圾丟在地上？**」

「**沒錯！**」

「**兄弟，別這麼厭世。**」

「**厭世？**」

「world-weary」我放慢語速再講一次。

「**噢……**」不知他聽懂了，還是想結束對話。

當下我真的只想到厭世這形容詞可以放在我給他的回應當中。在台灣，厭世這個單詞，隨著近年來的負能量流行潮，在90年代的年輕族群間颳起了一陣旋風。不過，厭世一詞在16～17世紀間，就已在歐語系統裡使用。Misanthrope來自希臘字源，表示厭惡與他人交往；18世紀world-weary一說誕生了，更貼切台灣現今社會所指的厭世，指人對生活中的事物感到毫無熱情、一成不變，甚至有些許的憤世嫉俗。你的厭世是哪一種呢？

明顯地，多數人與這位黑人小弟一樣，皆為後者。

不同於文化大熔爐（melting pot）的美國，沙拉碗（salad bowl）更適合「同中求異」的倫敦。在一碗公的沙拉拼盤中，有生菜、洋蔥、番茄、水果、油醋醬，如此多元的品項混合在一起，不失美味，成為一道特殊混合後的料理。倫敦的人口大概有三分之一，甚至更多，都不是土生土長的本國籍英國倫敦人。每個人在倫敦，都是獨立的個體，同時又是這城市的一部分。如同我的教授們，只有一位是道地的英國人。英國的環境，不強迫你成為其中的一分子，就是你的不同成就了這國度。這樣的優點是，多元共存，讓每位在倫敦的人都有自己舒服的生活方式。

另一方面，還是有缺點的。與我一樣，身為非本國籍英國人，在倫敦這樣種族多元的城市，不迷失自己真的很困難，特別是正值青春年少的黑人小弟。也許是因為同儕的相處，或是來自社會的回饋。他的厭世，將自己形塑成他「眼中」的英國人，但顯然地，切入的角度不太合適。英國的公車及地鐵裡，確實能看見許多被丟棄的垃圾，但真的如黑人小弟所想的，這些都是英國人做的嗎？是也好，不是也罷，黑人小弟的意圖其實相當容易解讀：藉由在大眾交通工具上遺棄垃圾，展現出他對這城市無聲的反抗——正是厭世的極端表現。

面對劇變的時代環境，不管你被迫或自願地，成為巨輪潮流中的一分子，還是你仍依自己的方式過活。生活、學業、工作，諸事不如意，我鼓勵在厭世代中的每一分子，可以用很厭世的角度看待這社會一切事物，抒發負能量。然而，千萬不要把自己的生活過得很厭世，這樣只會讓你越來越厭世。別鬧了！你甘願活得很厭世嗎？

人生與數學的世界截然不同，負負永遠不會得正。沒有人的一生，想在無限厭世的迴圈裡度過。當你在臉書⋯⋯不，臉書現在落伍了，應該是Instagram──發了一篇抱怨工作、怒罵奧客的長文後，開始一連串的hashtag：

#人生好難 #厭世當道 #life is a bitch #FML

這些主題標籤對你的意義到底是什麼？長期下來，人生只會越來越難。

搭車間，我與黑人小弟還是有一搭沒一搭地聊著。公車快到站了，我向黑人小弟說聲借過，請他讓讓。

「這場雨後，你值得更亮麗的生活。是時候該改變了！」下車前我對他說。

"You are the nicest stranger."（你是最好的陌生人。）他首次抬頭看我。

我再次以一位教育者的微笑回覆他，但這個微笑是真誠的祝福，不是擠出來的。

現今的社會環境，不需要迫使自己完美合身地在框框中生活，要對你的與眾不同有信心。即使在徬徨不安的厭世代中，也要努力為人生尋找光亮。

灰冷的雨天，終究會停。睡醒了，太陽會在。

3 ｜ 人生劇場上，就看你怎麼演

　　在降落倫敦希斯洛機場後，生活充滿新鮮感，確實興奮不已，每天就像遠足前一天的小朋友，迫不及待地想探索這夢寐以求的國家。好景不常，令人振奮的新生活，很快地轉變成必須面對現實的種種考驗。在台灣舒適圈待慣了，急性子的我遇上規矩且慢條斯理的英國人，簡直無法適應。

　　在台灣辦理銀行帳戶，不用預約，一天辦好；相較之下，在英國卻一波三折，三週後我才領到銀行提款卡。真想大喊：「要是在台灣就好了！」

　　除了銀行外，為了建立英國健康保險資料，第一趟去診所報到。我下午3:00到達，結果被櫃檯人員冷淡且堅硬地說：「**今天來的人數我們處理不了，你明天再來吧！**」

　　「5:30才關門不是嗎？」我反問。

　　「**噢！我們想要準時下班，現在的人數恐怕會讓我們晚半小時下班。**」

　　諸如此類的事件，時常上演。確實，在安頓生活大小事期間，我非常厭世，時不時打電話給台灣的友人，向他們抱怨生活上種種不如意。

「不要再『埋怨』了！你現在要的生活不就是你在台灣費盡心思努力得來的嗎？」被友人這麼一當頭棒喝，我完全醒了。註

是的！我不需要為這種生活瑣事，影響我在英國生活的興致。當生活揮去了 #人生好難 後，真的再也不難。日常柴米油鹽裡，有太多讓我們厭世埋怨之處，與父母的溝通也好，或是與伴侶的爭執、工作與生活的失衡等等，其實沒這麼複雜，難的是我們自己。我們太執著於自己所預想的立場，期待著生活都會按照自己的劇本演，但這是不可能的，一旦天外飛來一筆插曲，或是一腳不小心把你踢出舒適圈，厭世感立即席捲而來。

就像辦理銀行帳戶，我的劇本這麼安排，我要馬上開戶拿到提款卡。再次強調，我們不是導演，即使是導演，也會有無法掌控之事，生活不會時時刻刻順著我們的意。

莎士比亞的亙古經典名著告訴我們：

All the world's a stage,
（全世界是一個舞台，）
And all the men and women merely players;
（所有的男男女女不過是一些演員；）
They have their exits and their entrances;
（他們都有下場的時候，也都有上場的時候。）
And one man in his time plays many parts...
（一個人的一生中扮演著好幾個角色⋯⋯）

As You Like It《皆大歡喜》

不論在場上、場下，人生像是陀螺一樣不停地旋轉，時而快時而慢，倚靠在多重的外在因素。人生劇場中，我們不是導演，我們只是演員。劇場裡舞台上的一切可以鋪陳規劃；然而，倘若人生舞

台上的人事物，並沒有按照原先設想的劇本上演時，面對不同的情境，人們將如何反應並以不同的心境，把握在人生劇場中接下來的演出機會。真實的人生沒有NG重來的選項，也沒有暫停一下的抱怨時刻──人生劇場一直上演。

每個人有自己的厭世點，不過回想一下，多少次我們談起厭世時，起因是生活沒有照著自己的劇本演，進而讓你感到人生好難。

沒有奧客、沒有慣老闆，申請學校及求職過程順利，另一半都能了解我、對我體貼，這些都是我們理想劇本。現實生活中，幾乎不會完美上映，所以一旦遇到客人的不講理、老闆的蠻橫苛刻、面試失敗、比賽滑鐵盧、小倆口誤會大吵，我們就會負能量滿點，極度厭世。

說了這麼多，是否有解決之道？抽離，把自己當下的情緒與產生此情緒的事件分離。接著，換上新的角色，用全新的視角，再次參與演出。如此一來會發現，我們的厭世就是來自於，現實生活與你的劇本脫軌。

申辦銀行帳戶未果，當下怒氣滿點，大力譴責英國銀行辦事效率極差，忽略早已明訂在先的英國銀行辦事規則與時程，網路預約，現場辦理、等待審核後發卡，大約二至三週。即使知道這些事實，我腦海中的理想劇本是渴望快狠準地獲得銀行提款卡。抽離情緒與事件，很顯然地，因自己不滿而生的厭世，源於事件不符合自身起初的期待。

註 「你不要再叫了」，通話中確實用了「叫」這個字眼。為了維持文章的閱讀質感，在文內改成「埋怨」一詞。

所以，該改變的是誰？不是事件的問題，我想是自己吧！

我對生活的韌性似乎不錯，又或許是生活相對簡單許多，多數的時間都專注於學問的探究，落地兩三週後，相較前期，我不再如此厭世。

生活期間，我盡量只以厭世的角度看世界，批判社會的不公平、不齒司法的不正義，這些都好，僅是看事情的視角罷了。談起自己過的生活，沒有必要過得很厭世，我們可不希望大半段的人生都以這種心境過活，這樣太不值得了！

我們難以控制生活是否能如同我們期待的劇本般上映，但身為演員，至少我們可以上演符合期待的心情面對生活。

不知不覺在英國的日子也過了三分之一，在一次30分鐘面對面的個別指導中，離開研究室前，教授微笑地跟我說：「**這是一份好的研究設計，但你要好好呈現結果。祝你好運！**」我向她道謝，並祝她與我們（學生）的郵件一起度過「美好」的聖誕假期。語畢，我們都笑了。

頓時間，褪去world-weary，換得world-merry，3個月後，我想值得了吧！漸漸地，我成為這人群裡、這城市中的一部分。很多習以為常的事，不斷地被打破重組，然而同時，我也慢慢地將自身的姿態帶入英倫風的生活和學習方式中。

我還是我，不管到哪裡、發生什麼事，我還是這碗沙拉拼盤中的一部分，但卻不失和諧。現在的我，面對所謂的烏煙瘴氣，也能如同在暴雨中不撐傘的英國人般，雲淡風輕地看待。

4 ｜ 年輕人真的是只會擁抱小確幸的厭世代嗎？

我是90後的草莓族成員之一。聽說現在的00後，被稱為水蜜桃族，還有更慘的稱號，冰塊族、豆腐族、布丁族……。在進入正題之前，我要以認真嚴肅的心態為這些食物發聲，請不要戲弄食物的名稱。

其實草莓族也並不是首次被灌在90後的八年級生身上，感謝媒體的大肆渲染，草莓族一說，成功地在台灣社會流竄。不論是上述中的任何一族，主要都是在批評當今社會的年輕人，抗壓性不足、挫折容忍度低、不服從、生活漂泊不穩定、重視物質的享樂主義、忽略團體利益的自私心態，諸如此類的標籤列舉不完。

厭世的90後，真的是爛草莓嗎？

並不是，我想只要把八年級生的成長階段，搭配時代的變動一起檢視考驗，就會發現，比起長輩、比起00後，90後的青年人是很有潛力的族群。

是否發現，90後是跟著時代一同成長的世代。從小我們用錄影帶看巧虎、用錄音帶聽兒童歌曲。國小時期，首次接觸電腦。電腦課時，當老師在台前操作著自己也不怎麼熟悉的初代word及「非常好色」註時，躲在台下偷玩「彈珠台」是我們最大的樂趣；同時，跟隔壁的同學較勁炫耀誰的磁碟片顏色比較多。接著，隨著CD光

註 「非常好色」是一款1999年發佈的影像處理軟體。

碟片的普及，開始購買明星的專輯光碟，零用錢不足時，就會在小店或夜市買盜版光碟，年少無知，承認吧！上了國中後，MP3問世，加上拜Foxy軟體所賜，人手一台MP3裡面灌滿了非法下載的各種當代流行音樂。瞞著父母帶去學校，午休時還要用外套蓋住身體，將耳機線從袖子穿出，偷偷摸摸地在自己的音樂小天地裡，與世隔絕。還有，大家瘋狂經營的無名小站、即時通、YAHOO家族，天天要關注一下「誰來我家」（可以看到哪些帳號看過自己頁面的功能）。

接著，畢業前夕，Sony Ericsson手機掀起了一片浪潮，用基測成績要求父母以手機當作考上某某高中的禮物。升上了高中，我們開始有比較精緻的社交，漸漸地，申辦臉書及LINE，病毒式的打卡、標記朋友，上課偷玩手機遊戲，享受藍芽的便利：在女校用來傳送男明星照片及小說，在男校的功能就是共享某些經典的影片——這些我們都做過不要不好意思。高中畢業前夕，經歷了科技最大的波動，掌握了我人生的第一支智慧型手機HTC ONE，就好像掌握了全世界，至今仍記憶深刻。上了大學，畢了業，出社會後，iPhone都不知道出了幾代。

我們與時代一起長大，代表著這世界不管歷經怎樣的改變，我們都有辦法隨時應變。雖然可能沒比長輩們優秀、吃苦耐勞，但是就是這樣的成長背景，使我們有強大適應社會的應變力，在巨變的社會中不會抗拒，懂得變通，英文叫flexibility。這是我喜歡的英文單字之一。

長輩們抗拒新科技帶來的變革，00後的後輩，一出生就是「滑」世代。與時代一同成長，給了我們面對改變，也能很有「彈

性」的能力。這樣的特質，或許連我們自己都沒有察覺，但它確實是90後族群的一大利器。

我想辯駁，90後真的不是爛草莓。

我要用雞蛋來比喻90後。雞蛋雖然外殼脆弱，不堪一擊，但是雞蛋經過不同的烹飪過程後，可以變成有彈性的水煮蛋、白黃原則分明的荷包蛋、內心如水的水波蛋，各式各樣的型態。加上各式調料，人生的經驗值又更上一層了。然而，若不與時代成長、自我蛻變，故步自封的結果就還是顆脆弱的雞蛋，一敲即裂。

在面對快速變遷的世界中，我們該如何生存？隨波逐流，或是安身立定。早在19世紀，英國劇作家蕭伯納在《華倫太太的職業》（Mrs. Warren's Profession）給了我們求生之道：「能在社會上出頭的人，都是那些有準備且能尋找他們想要的環境，如果找不到，他們就會創造環境。」（*The people who get on in this world are the people who get up and look for the circumstances they want, and if they can't find them, make them.*）。

在闖蕩的旅途中，機會錯失了、失敗了，也厭世過了。之後，就得為自己開創環境，不要怨天尤人，不要怪罪外在因素，要想著怎麼從平凡的雞蛋，變身成餐桌上的非凡餐點。我們總是有著比長輩們更多的創意與鬼點子，這是我們的優勢。善用優勢，不再空口幻想，起身行動，為自己創造新局面。

哪怕我們所處的環境如此險惡，都該忠於自己。我大一進入英文學系就讀時，社會上瀰漫著一股念外文系，就是沒前／錢途的思潮。大二時，修讀了教育學程，少子化的來襲及教育市場的供需

不平衡，身旁所有人都質疑我、警告我以後會變流浪教師時，我仍選了這條路，而且還成功得到教育部的肯定，直到大學畢業。當有人露出嫌棄的嘴臉，告訴我讀英文系沒有用，英文大家都會了，搞文學的路有凍死骨，走教育的艱困難走，我始終對此感到嗤之以鼻，同時，也不斷開創未來的道路，勇敢堅信地踏上自己該走的路。

我永遠記得那些瞧不起人的樣貌，不為他們拚搏，但我努力行動，來日的我終將還他們一記無聲又清脆的巴掌。

我們不是愛花錢只會拿iPhone假虛榮、沉溺於小確幸中的90後！我們是跟著時代一同成長的世代且勇於為自己奮戰開創環境。

▲身處於厭世代，在人生的GPS中，你找到屬於自己的定位點了嗎？

5 | 框框裡的世界

　　我們很常聽到以下這個問題：假使你工作後，存了足夠的財富，你的夢想是什麼？環遊世界。這的確是我最常聽到人們的回答：「**我想到世界各國旅遊，體會當地生活、風俗民情，享受異地的氛圍。**」

　　做夢！（放屁！）等你真正地踏上另一國的土地上，多數人早就忘了美夢中說的感染他鄉氣氛了！因為你早已拿起手機⋯⋯。

　　像是，在巴黎市中心，頭仰45度，景仰著凱旋門，同時麻煩隨行的友人──通常是命令──幫你「自然地」捕捉，瘋狂地按連拍，開始擺出一副沉浸於法國歷史的模樣。從數百張的連拍中挑選一張，令君滿意的意境照。接著，靈巧地運用你的雙手在螢幕上游移，調亮、曝光、增豔、濾鏡，調整成即將上傳的網美／帥照片。最後，再配上，有念書文青版本的文字「漫步於巴黎街頭，仰望著新古典主義的凱旋門，時光倒回拿破崙的勝戰及波旁王朝的風光」；或是鄰家女孩忘了加上標點符號的呢喃「每條街道　每個轉角　那些歷史的　痕跡　總是那麼迷人」。準備按發文前，發現忘了打卡地標、忘了hashtag，趕緊補上，*#paris#france#travel#travelvibes#yolo*註 *#自己的旅行#旅行的意義#豐富人生閱歷*。

　　完整了，好，發文！

　　好一套熟悉的流程，摸一下良心，捫心自問是否做過類似的事？告解一下，上面描述的凱旋門前意境照就是我本人，只差臨門一腳就完成了，因為我沒有發文。

註　yolo: you only live once.（人生只有一次。）是旅遊系列的熱門hashtag。

在英國讀書的期間，因著地緣之便，再加上許多廉價航空，讓有經濟壓力的留學生能在假期間，以比左營台北來回高鐵票便宜的價錢買到機票。我曾經就以28鎊（相當於台幣1200元），購得倫敦及瑞典首都斯德哥爾摩的來回機票。旅遊時，偶爾會相約出遊，畢竟考量到人身安全問題，除非找不到志同道合的人，才會孤身前往。旅遊的次數幾乎等於換了幾次旅伴，因為總是話不投機……開玩笑的，其實是研究生課業相當繁忙，大家不好敲定出共同的時間，所以只好找有空能同時一起出遊的旅伴。

「這邊幫我拍一張！」「吼！不對啦！我人要在中間，旁邊○○要入鏡，不要照到ＸＸ，對了對了，腳要切地板，這樣腿才會長！」「幫我按連拍，我會自己換姿勢。」「直的也來一下。」

雖然我也會觀光客式地跟著名景點合照，但通常拍一拍兩三分鐘內結束。不過，有時候遇到的旅伴一拍就是30分鐘起跳。搭配上惡劣條件，攝影白癡我本人，為了要符合旅伴的要求，時間當然拖得更長了……。拍到不耐煩時，我心裡會冒出「你就150而已，到底是要拍多高」的地獄想法，但為了旅途的和諧，當然不會口無遮攔。

終於結束了，拿回手機，檢查照片，放大看一下，滿意地露出笑容：**「好，拍完了我們走！」**。但，事與願違——我想走啊！照片裡的主角通常會說：**「我頭髮亂飄。」「我眼睛閣上了。」「我笑得好僵硬。」「再來幾張好了。」**

拍美照不打緊，各個景點、各道佳餚，甚至是一杯咖啡，都能發個限時動態。上了公車、輕軌，不是看看沿途的城市風光，而是解鎖螢幕，開始編輯上個景點的照片，灰濛的天空瞬間變成亮麗的藍天，配上你在廣場漫步的休閒。這是自欺欺人吧？來霧都旅遊，你卻能時時刻刻發出晴空萬里的照片，我想跟你要的當地體驗，相差甚遠。

　　時不時地關注多少人看了自己的限時動態，就是要告知全天下，我正在當地體會旅遊的意義！拍照，上傳，錄影，限時動態，上傳，看一下多少個粉絲看過了你的動態。對無限循環這樣SOP的人而言，什麼是旅行的意義？拍照，還是打卡呢？曾經立下豪語，足跡要遍布五大洲七大洋，與當地居民話家常的誓言，頓時隨快門聲「喀擦」的一聲，銷聲匿跡。

　　曾經參加北極圈的極光團，旅行團裡有一項服務是導覽員會用專業的相機及攝影技術，幫遊客與極光合影，畢竟手機難以捕捉極光。我印象深刻的是，不知道是身為亞熱帶地區的我，沒親眼見過過冰天雪地配上極光那令人歎為觀止的景色，還是歐洲人真的是用雙眼珍藏儲存記憶。同團的歐洲人，頂多拍個一張，就算快門的瞬間沒拍到極光，有的人也就算了。倒是我堅持要跟極光同時出現在框框裡，勞煩了導覽員幫忙按了4、5次的快門。回倫敦後，我向朋友分享這事件，同時也思考了一會兒。

　　想像著如歐洲人那樣，豁達地不拍照，只用內心保留當下的感動與震撼，我想減少拍照的次數，或許是可以練習的！不是說出門遊玩拍照不對，我們總得與家人好友們分享，但想想，我們有時候是不是真的在追求所謂的美照時，忘了當地旅遊最純真的嚮往？

　　下次旅遊時，削弱拿出手機拍美照的腦波，多用感官感受當下最真實的心情及意境，多留意一下周圍特殊的景色，試著用眼睛捕抓畫面。在與親朋好友分享時，不妨挑戰用口頭描述所見的一切後，再傳張風景照，予以同享。有別以往，將會有所不同。

　　便利的手機，滑開即拍的同時，也讓我們喪失了對生活周遭的敏銳觀察。揮別五吋框框裡的濾鏡世界，真實地體會異國氛圍，留心身邊，儘管照片稀少，但卻是受當地文化浸潤的旅程。

6 | 歧視就離我這麼近

　　性別歧視、種族歧視，歧視一直以來都是很敏感的議題，也是多數人不太願意去觸碰的話題。常常聽聞國外的留學生或是四處旅遊的背包客，描述自身遭受歧視的故事。正當我們深怕被以歧視眼光對待的同時，是否本身也不知不覺地歧視了他人？

　　還沒來英國之前，我曾參訪越南胡志明市，並至當地的學校進行英語教學觀摩及教學示範。記得那一年，東南亞地區爆發一連串的排華運動，讓我實在有點不想去。心中不斷冒出「我為什麼要大老遠飛來這裡參訪學校、教英文」這樣的想法。還沒出訪越南前，憑藉著自以為是的國際觀，加上多年對越南的錯誤刻板印象，我對越南的印象還是一直停留在早期貧窮、落後及不文明的年代。一出機場，移動到胡志明市中心的路途上，我為我還沒降落前的心中之言感到羞愧。這座城市並不如我想像中的那樣，而這是我第一次體認到自己的眼界是如此的狹隘。

　　經過此次的震撼教育，往後我更加小心地看待與自身文化及國家不同的人事物，但偶爾還是會帶上自己的濾鏡看世界。

　　在歐洲這些日子，我並沒有遇到太多關於歧視的事件，不過卻有兩件讓我印象深刻。第一次是被別人歧視但我自己卻無感的情況；另一次是，在閒聊中用了自以為的偏見視角看他人。

　　先從「被」歧視的故事開始好了。我個人並沒有察覺，也覺得並不嚴重，反倒是身旁的英國老夫婦，挺身而出，拔刀相助。交完數份千字報告後，選了天空閒的週間平日，我隻身前往莎士比亞的

故鄉埃文河畔斯特拉特福（Stratford-upon-Avon）。整天的旅途，我與大學時期折磨我時日的莎翁相談甚歡。

就在回程的火車上，一如往常地，持學生優惠票的我被驗票了。等到驗票員查驗了我後方座位的英國老夫婦時，我依稀聽見驗票員向他們說明，若是要到倫敦的話，要在某站換車，跟車票上寫的不一樣，要記得下車。

隱約聽到資訊的我，趕緊拿起手機查詢。顯然地，這是臨時的通知。我隨即向身後的老夫婦詢問，在哪站換車，並再次確認資訊。

「我的票明明就到倫敦阿！為何驗票員沒有告知我臨時的轉乘訊息？可能是他太匆忙了忘記告訴我。」我當時心裡這麼想的。正當要轉頭回座位時。

「你也是回倫敦嗎？」老先生問道。

「是的，真謝謝你們的資訊。」我微笑地道謝。

老奶奶突然拉高嗓音：「這是歧視，他歧視你！」

我一臉疑惑地看向前方兩位老夫婦，並笑笑地告訴他們：「我想他太匆忙，忘記提醒我罷了。」

「不不不，親愛的，這確實是歧視。身為英國人，我想我應該代他向你道歉。」奶奶嚴肅地說。

老夫婦兩人正經地向我說明為什麼他們認為驗票員歧視我，並不斷跟我說如果需要投訴，等到了倫敦，他們倆願意當我的證人，陪我去火車站的櫃檯辦理。

回到倫敦，出了月台，向老夫婦道別，他們還給了我擁抱，並不斷地追問我需不需要投訴。搭公車回住宿的路途上，我不停思考，直至今日，我都覺得事情沒有老夫婦想得如此嚴重。或許正如老奶奶所說：「**親愛的，你太善良了。因為這位驗票員可能會為他的行為丟掉一份工作。**」（自己這麼說起來都覺得不好意思。）

原來整天掛在嘴邊的歧視，就離我這麼近，而我還是主角。

另一次經驗竟是我不經意地歧視別人。夏日期間，獲得圖賓根大學學術交流獎勵，我來到了這座德國南部的古老大學城，接受英語教學相關的訓練。坐在我旁邊的同學是一位圖賓根大學的大學生Oduma。休息時間，我跟他閒聊幾句。

在聊天的過程中，我隨口而出：「**看不出來你英文真好！**」

Oduma立刻開玩笑地回我：「**你這是歧視，老師你不能歧視學生！**」

這是因為我們早上的研究訓練，是有關不同文化的相遇（cultural encounters），所以他才抓住我的語句，跟我開玩笑。

說到這裡，大家可能還不明白，為什麼稱讚別人英文好會被扣上歧視的帽子。是否有發現，我到現在還沒描繪Oduma的外貌？他是一位德裔奈及利亞人，父親是奈及利亞人，母親則是德國人。兒時曾隨父母旅居美國，回到德國後，英語學習從未間斷，再加上大學主修英國文學及語言學。因此，Oduma的英文能力當然不在話下。這些是在稱讚完他英文好後，更進一步的閒話家常。

　　當然這些都是在我們彼此熟識後的對談，這也讓我思考，究竟是怎樣的契機我會脫口而出「你英文真好」這句話。是不是單看黑人的外表，我下意識地斷定，他不太能說出一口流利的英文，對於他有極佳的英語能力感到驚訝？即便他能以其他語言對談自如，應當也是德文。現在回想，也難以推斷我當下的思考。但確實若是在我們沒有熟識彼此的基礎下，很有可能我就不經意地對他種族歧視而渾然不知。

　　到現在我還是很感謝他，以這種開玩笑的口吻，讓我知道他的感受。不讓對話尷尬，也不至於毀掉一段新建立的友情。

　　在離開圖賓根大學前學校所安排的飯局上，我們又再次閒聊了起來。此次我格外小心了。

　　Oduma分享著：「**我拿到劍橋大學的一年交換計劃，我10月要去英國。**」

　　「**這一次，我絕不會說你怎麼如此優秀！**」我這麼回覆他。

　　接著兩人一陣爽朗的笑聲，舉起酒杯，互道離別。我祝福他好好在英國享受最後一年的大學生活，同時他也祝福我回去台灣有份好的教職。「**老師不要再歧視別人了喔！**」最後，我又被這位小我5歲的同學補了一記回馬槍。

　　原來整天掛在嘴邊的歧視，就離我這麼近。我又當了一次主角，只是這次換我歧視別人。

7 | 為什麼大叔要為自己講的英文道歉

　　飛機降落於倫敦希斯洛機場，我雀躍地踏上英國的國土。即使身陷大排長龍等待入關的隊伍之中，興奮的心情仍大於排隊的煩躁。此時，來了通電話，是我在台灣就訂好的機場接送服務，司機問了我多久會到出境大廳。由於各大航線集中於這座大機場，降落時已拖延了半個鐘頭，現在又身陷在看不見盡頭的入關隊伍中，我只好向司機說明狀況，並告知他可能要再等40分鐘左右。他想也不想：「**那我不等了，你找其他方式到市區吧。**」立刻掛上電話。

　　我頓時語塞，即使心中充斥著各種咒罵，但還是告訴自己不要慌。趕快再向另一間車行，訂了趟接送服務。大約晚上10點左右，終於接到司機來電，但是他講的話我幾乎聽不懂，唯一聽得最清楚也最關鍵的就是會面地點──WHSmith，一間便利商店。看到司機後，向他打聲招呼並說聲不好意思，讓他等我這麼久。親切的司機大叔一直跟我說沒關係，還不斷地向我道歉：「Sorry, I can't speak proper English.」（真不好意思，我無法說一口好英語）。

　　上了大叔的車，我開始跟他聊起天來，他是巴勒斯坦人，技術性入境來英國，最後透過管道取得簽證。我不知道為何大叔跟我講了如此多的私事。我也向他分享，我是來倫敦求學的，以及在台灣的生活等一些瑣事。在一個等紅綠燈的十字路口，他突然對我說：「**你是少數堅持要自己提行李，自己開車門，主動跟我聊天的乘客。**」我覺得滿驚訝的，因為做這些事情對我來說很平常。在一路話家常中，最後他安全地送我抵達宿舍。

　　這是我降落倫敦後的第一個震撼——為什麼大叔要為自己講的英文道歉？

　　隨著新生活慢慢展開，安頓的日子其實並不容易，於是我慢慢懂得大叔為何道歉。

　　在一個準備長住的嚮往城市裡，初期確實每天都想走走看看新的事物。然而，好日子始終不長久，有時台灣人在倫敦的違和感，以及英文說不好的羞愧感蔓延全身。

　　不久之後，我在台灣的老毛病外耳炎發作了，我知道這不能拖，於是趕緊預約了普通科醫生（GP）**註**。看病前，查了各種病況病徵的英文，構思該如何描述我的狀況，甚至還寫了一張紙卡，以免忘記。

　　到了診間，我邊看我的小抄邊向醫生說明我右耳的問題，只見她不慌不忙地拿儀器照我的右耳：**「這不嚴重，別擔心，我能看一下你手上那張紙嗎？」**我順勢地給了醫生，她接著說，你還真用心做了這麼多功課，不用緊張，滴藥水一週就會好了。

　　「真抱歉，我沒辦法好好地描述我右耳的病徵。」這時，身歷其境，我瞬間懂了司機大叔的感受，下意識地說不好意思。

註 General Practitioner (GP)，全科醫生或普通科醫生，類似台灣的家醫科醫生。在英國，除非重大疾病，要不然是無法直接求診於各專門科醫生。通常都需要透過GP轉介病人至醫院做更進一步的診療。

「你不需要道歉。如果這樣就要道歉，我當時來這裡念醫學院時，很多英文都不會，那我應該要寫悔過書了。」醫生（她是華裔）這麼回覆我，並溫柔地提醒我用藥須知，為我安排下一次複診。

除了看病，點菜應該更是生活必備的技能。走訪波羅市場（Borough Market），想點份當地炸魚薯條享用，卻發現連讀懂菜單都是一項挑戰——Halibut Wild、Skate、Rock、Plaice；英文系畢業、出生於魚鄉東港都於事無補，只能無助地站在店門口，手指在手機螢幕上忙碌著。都是魚……但究竟是何種魚，即便看了圖片還是不解。只好直接問店員，餐廳最推薦哪樣料理了！

語言測驗成績單上的成績是一回事，平常生活用的英文又是另一回事。身處全英文的國家，才知道自己的英文能力大概只有幼稚園等級，成績單上的分數，不足以優雅地生存。

台灣社會瀰漫著一股「證照會說話」的潮流。但鮮少有人討論，認證後的你，與實際上的你，之間的差距到底有多大？

功利主義之下，多數人似乎只在乎能不能拿高分、再幾分就達標了，這些事情的確需要在意，但我們經常矯枉過正。忘記了學習語言的根本是要「溝通」，成為生活中的一部分。若是我們一味地把考試拿高分設定為學語言的目標，那麼真的永遠提升不了在真實語境中生活的能力及實力，反倒是建立錯誤的語言學習方式。

我搭公車的時候，喜歡聽公車上的人聊天，同時練習聽力。不過，一趟車程下來，我只要聽得懂一半左右大概就要偷笑了。在某次餐會裡，我曾跟其他同是來英國求學的各國英語老師分享這樣的困擾。令我訝異的是，他們也有相同的懊惱。

在倫敦這樣的大城市裡，每個人有不同的背景，講著不同的口音，就算是土生土長的倫敦人，也有不同的講話習慣。就像年輕人有年輕人的用語，一段對話裡，語速極快；有些人講話又像是嘴巴含著滷蛋，不把話吐出來，穿雜著一堆時下當地人使用的俚語。儘管我全耳灌注地聆聽，有時還是難以理解。

當熟悉的See you變成in a bit，beauty變成peng，how are you變成up to match，形容食物不再是nice、delicious而是pukka，這種感覺就像是熟練台語的我，聽著公園裡的老人對話中他們的台語，一樣熟悉卻也陌生。

當英文不再是教學CD裡的英文，我想這才是真正的使用英文吧！

在英國期間，我試著多與幾位母語使用者交朋友，試著融入他們的生活圈，努力強迫自己暴露在聽與講英語的情境中。隨著時間過去，似乎彼此間還有那麼一點間隙，這不只是語言的問題，還有文化生活習慣，甚至是長期思想上的差異。自己對英國這國家生活與文化的連結還不夠，我沒有辦法充分地了解對方談話背後的玄機。但其實並不需要為這樣的困擾感到羞愧，只要開口問一下或是向他們確認，其實我的當地朋友們是很樂意與我分享的。漸漸地，我開始能用英文講點幽默機智的回應或自嘲的笑話了。

對於語言的觀念，從語言並不屬於母語使用者的，慢慢轉變成，語言是屬於使用他的人。

8 | 搭便車之旅，小心搭上生命盡頭的列車

廚房是個很好聊天的地點，同時也是我蠻常獲得一些靈感啟發之地。我住在與八位研究生共用一些公共空間的宿舍。每當在廚房裡切菜做飯時，只要有人在就會開啟話匣子，天南地北地閒聊。討論研究進度，分享出遊的心得。

有一次聽到一位樓友搭便車（hitchhiking）旅遊的經驗。這樣的旅遊方式，通常是玩到哪裡，就在該地點交通便利的路邊，舉著下個城市地點的牌子，讓所謂的好心司機路邊停車，載你一程。這一程可以很順利地抵達想要前往的目的地，也有可能因為不順路，司機只能載你到中途點，下車後要繼續攔下一輛車。或是可能就這樣一去不復返，沒有人知道你的下落。

那位樓友，就叫她A，得意地分享自己獨自一人只買張倫敦與巴黎的來回機票，靠著搭便車，能到歐陸各個想去的城市，走遍歐洲大陸，平安地回到倫敦。

除了分享，或者應該說是炫耀，這趟充滿驚喜的旅途之外，A也對一些讓她搭便車的司機抱怨幾句。也述說著，她從一位看似很危險的司機車上，逃下車的奇遇。不論她的分享真實與否，或是她為了故事的精彩而加了多少油添了多少醋，聽完這趟旅途的故事後，其實我不太贊成這樣的旅行方式。

我對搭便車旅遊了解不深，從廚房回房間後，在Google搜尋便車旅遊的關鍵字，令我驚訝的是，網路聲量及旅遊部落客的分享，一面倒地都對這樣的旅遊方式讚譽有加。

　　他們認為雖然搭便車有潛在的風險及危險性，但是只要好好處理，通常都能圓滿落幕。文章的分享，多是從城市A到鄉鎮B，如何搭便車，跟司機的互動，得到了什麼文化衝擊及啟發之類的；或是遇到危難時如何反應。經驗故事，豐富精彩，讀著讀著，真是振奮人心，不禁也想規畫一趟這些分享者口中的搭便車之旅。

　　甚至有些部落客，還會給單獨旅遊的女性一些他們自認為的忠告，像是要打扮樸素簡單、不要濃妝豔抹、身材嬌小的女生不要輕易嘗試、手上可以帶枚戒指假裝有另一半……看似正常但有點荒唐的建議。除了這些之外，分享者通常還會強調自己身材壯碩、長相安全、個性大刺刺。隨著閱讀的篇數增加，越是讓人臆測搭便車旅遊真的是這樣嗎？真的有如他們這些體驗者所說的美好嗎？

　　這種隨意在路上，舉起紙牌並豎起大拇指的搭便車旅遊體驗，吸引著許多熱愛未知感旅途及想要縮減交通預算的旅客們。然而，多數的分享在我看來就是，盲目的搭便車之旅，甚至有些分享的筆者還會有偏差的價值觀。

　　曾在社群媒體上看到一篇遊記，大意是：站在路邊招手攔車多時，但卻沒有駕駛願意停車載她一程。然後那位筆者，最後寫道：最美的風景是人？

　　我對這則遊記感到嗤之以鼻，這就是偏差的價值觀，好像以為規劃了搭便車旅遊，就要有駕駛為你而停，沒有攔到車就開始怪罪當地人民不友善。不要把攔到車送你一程這件事情，當成理所當然。甚至，像我的樓友A抱怨說，她攔了一輛車，司機問她能不能分擔部分油資。在我聽來非常合理，素昧平生的陌生人，願意送你到目的城市，支付一些交通費，算是一件上道的事情。然而，A

開始大肆批評那位司機小氣，甚至把該國文化都拿進來大肆怒罵一番。

話不投機，只好選擇聆聽但不發表言論了。我不禁開始思考，怎麼會有這股歪風。讓我想起Rolf Dobelli的書《思考的藝術》，我想多數人都中了故事偏誤及生存者偏誤這兩大思考謬誤。

首先，故事偏誤。網路上的文章，都是短短幾千字交代了數趟的便車行程。但是對於分享者所述的內容，讀者們通常照單全收。看似一切美好的旅程，旅途經驗都已過度概括，而成為扭曲且美化的事實。故事通常會被包裝成，在攔車的過程中，會遇到形形色色的人物，有友善的老夫妻、熱情的貨車司機、年輕的自駕駕駛。一趟旅程下來，在車上聊天，認識來自不同社會背景的人們，體會不同國情文化，增進膽識與勇氣。

網路流傳「有緣人終會為你停車」的成功訣竅，例如把自己裝成正在壯遊的學生，或是為了一圓遠大的旅遊夢想實踐家，以激起駕駛的同情心。為了達成目地，各種鬼話都講得出來，其實不就是貪小便宜想省交通費嗎？若真是膽大的壯遊，靠自己雙腳走是否更有說服力？

讀者常常會因故事動聽的內容而感動，忽略了理性的部分。雖然簡潔是智慧的靈魂，倘若未經拆解、質疑，這些所謂的「成功」搭便車經驗背後的因果關係，多數群眾就會對於這樣的旅行方式有美好的想像及藍圖。

第二，生存者偏誤。生活周遭，相較於失敗者，成功的經驗及其能見度，往往是壓倒性地突出。鮮少有人願意分享失敗經驗，在

搭便車之旅中，失敗者恐怕是再也沒機會開口了。所有網路上的分享文都是，幸運的生存者所留下來的，再者就是遇上危難能化險為夷的故事。失敗的案例極少，通常就是有通報後，警方調查，以新聞的方式呈現。畢竟，失敗者不會主動留下故事。

隨手搜尋一下新聞，其實就會發現搭便車的意外事件不在少數，如失蹤、強姦、殺害、賣給人口販子等遇害事件。遇到這種情勢，誰管你身材壯不壯碩、長相安不安全、手指有沒有婚戒？人生地不熟的，一個拐彎，就讓你無法在部落格，撰寫精彩的搭便車之旅。

有計畫性的搭便車之旅，固然是好，能體驗自由探險的旅途。但盲目地跟風搭便車之旅，失去了原本旅遊的目的，無法承擔後續的後果，只因攔不到車，而大肆批評當地國情，貪小便宜的心態，或是送送廉價紀念品給駕駛以表自己感恩的心態，然後再寫文章告知世人，對於搭便車要充滿感激及禮貌的風格，顯然過度偽善。

搭便車之旅，幸運的就是，搭到浪漫城市的便車，讓你以一篇精美包裝的遊記攻略，炫耀這種價值觀偏差的歪風；或是不幸的話，是搭上生命盡頭的靈車。

9 | 倫敦的愛情

　　每座城市有屬於自己的樣貌，就如同每個人對愛情的期待，都有屬於自己偏愛的味道。走出台灣，來到倫敦，倫敦的愛情又是怎麼樣的滋味呢？是如同倫敦的天氣，一日體會春夏秋冬的感受；或是像穿梭於街道上的紅色雙層巴士、佇立於街頭轉角的紅色電話亭，為冬日灰濛的倫敦市容增添一些興奮的顏色。

　　留學的生活，是孤獨的。即便是有台灣的家人、情人、朋友，也因時差的緣故，往往要學習與自己相處。學會在異地遇見愛情、經營愛情；學會被愛情背叛後，如何再度相信愛情——愛上自己，也愛上所遇見的城市。

　　我在倫敦念書時，有一位像軍中同袍一樣的女性友人J。什麼都能聊，從課業、研究、出遊到感情，甚至是情侶間的親密關係，我們無話不聊。我常開她玩笑說：「**你這麼精彩的戀愛史，可以寫成書了！**」這麼剛好，在她的生日聚會上，某位友人唱了首「倫敦的愛情」，讓我逮到了執筆的機會。J時常與我分享她的戀愛故事，不管是過去式，還是現在進行式。但我的戀愛經驗在J眼中看來，就是小兒科。實在不解她為什麼會找上我，而且我還時常以看八點檔的心態，聽她說故事。或許我的理性直白，為J敢衝敢愛的性格加了幾滴煞車油。

　　用城市來比喻的話，J屬於巴塞隆納。就像是廣場旁的蒙特惠奇魔幻噴泉，流動的水柱伴隨著音樂，舞出一段熱情如火的佛朗明哥。J擁有豔麗的外表及熱情的內心，即使追求者眾多，卻遠遠不

見心之所向的愛情。

　　碩班前期，J有位穩定交往的遠距瑞典華裔男友，但英國與瑞典的距離，相較於我們來說，根本稱不上是遠距戀愛。拜廉價航空所賜，他們幾乎能兩週見上一面。聽完J的戀愛史，瑞典男是J愛的最深也被傷得最深的一任。如多數情侶一般，就是撐不過磨合期，J單方面地「被」提了分手，理由是瑞典男想要有自己的時間及空間。令J最不解的是，她不懂什麼是自己的時間與空間。她寧可瑞典男以劈腿或愛上別人名義來提分手，但分手數月後瑞典男相當安分。這讓J更百思不得其解了。

　　跟J聊了數次後，總結就是他們的愛情黏度出了問題。J的期待和對方的付出有所落差。不要看J的外表高冷猶如派對女孩，其實她的內心，就是位渴望被愛被關心的小女孩。熱戀期的小倆口，當然無時無刻都想黏在一塊，這段時間也是雙方最容易給出「就是他／她」的錯覺。而時間就像摩天輪一樣不停地滾動，我們也必須向前走，不能時時刻刻都停留在原地踏步，享受浪漫的熱戀。人要成長，向前邁進；愛情也要成長，但人生成長的速度與愛情成長的腳步，有時卻難以平衡。

　　他們倆各自都有課業、工作要顧。雖然在熱戀期間，牽起戀愛的小手，畫滿了畢業後在歐洲一同生活的藍圖，但終究抵不過磨合期考驗。基於個性，J始終如熱戀期般黏著對方，或可以說是依賴著對方。不過，感情這事，只要有一方生活中遇到任何事，就都能影響彼此對愛情黏度的比例調配。倫敦的異地求學，不單單只有學位要拿，可能生命就是這麼恰巧地要幫J上一課，瑞典男的母親意外出了車禍，此時壓力排山倒海而來，J對愛情的黏度，瞬間成了

瑞典男的重負，成了壓垮駱駝的最後一根稻草。

　　我不怎麼安慰J，雖說我也不太會安慰人。在幾次的談話中，我告訴她，感情中兩個人在一起，不該只是填補空缺的角色，兩個人都是完整的個體，帶著自己的背景，帶著屬於自己的城市，在一起後才會讓雙方的人生更加豐富。因此，愛情的黏度是需要調整的，不能總是95加滿，對方再怎麼有愛，總有一天，恐怕這樣的黏度，會成為滿溢到窒息的枷鎖。對方需要空間忙碌時，我們就適時地站到他身後，讓他知道你還在，一面忙著自己的事。事情一過，雙方再黏回來，彼此會更加愛對方。因為我們知道，愛情就是當對方傾心完成他的任務時，你也會默默地支持他、開心地祝福他。回過頭後，兩人亦能互相分享，即便暫時不見，只要心裡還有對方，一樣能過得很開心。長久的感情，是需要彈性的，雙方都必須互相調整配合，就像是騎雙人協力車，只要有一方不願意一起在愛情的路上踏實，慢慢地，車也停了。

　　車停下來，對J跟瑞典男來說，或許不是誰對誰錯的問題，也不是誰對不起誰，但就是兩人不在相同的頻道上。他變了？她變了？或許他們倆都變了？藤井樹寫道：「葉子的離開，是因為風的追求，還是樹的不挽留？」我想，是葉子本人的選擇吧！這段關係結束後，趁著聖誕假期，J選擇了逃離使她憂鬱的倫敦，到屬於她的城市——巴塞隆納療傷。

　　或許J就是太需要人陪伴，亦或是要在倫敦追尋愛情的期待燭火還閃爍著。療傷後，J短暫地跟一位英國籍的大學部學弟走了一段。然而，這段愛情就如同霧裡的倫敦不清晰。幸運的是，這之後J也似乎漸漸地開始認真審視自己的愛情，好好了解自己要的是什

麼。我曾問她，妳歷任以來的伴侶是否有共同特色，到底怎樣的特質吸引妳。J瞬間語塞，思考許久，搞得好像警官審問罪犯，再次證明我不會安慰別人。J的外型讓她的追求者來來去去，但她始終感嘆，為什麼總是遇不上真心愛她的那個人。

談過幾次戀愛，從掏心掏肺到痛徹心扉，一旦墜入愛河，J就完全成為為對方而活的人。雖然J在轉動的倫敦眼（摩天輪）中，並沒有得到她嚮往的愛情，但幾段倫敦的愛情，或許就是告訴她：先愛自己。在清楚知道自己要什麼之前，就先好好跟自己戀愛吧！畢竟是要一起走下去的人，與其將就，不如花時間講究。

單身的人並不是沒有人愛、行情差，而是講究有一天，會遇見一位能與自己相互調配愛情濃度、一同踩協力車的人出現。

10 | 無奈之後呢？來杯茶！

　　在英國的這些時日，我深刻地體會到這曾經的日不落帝國，總是讓人又愛又恨的魔力。或許就是這一項特質，造就了英倫獨特的魅力。許多人覺得英國人假禮貌，一副文謅謅的樣子，是憤怒、是興奮還是難過，有時還真難從他們的面部表情及言談之中判斷得知。但我個人並不如此認為，反倒覺得這正是迷人之處——英國人在面對無奈之後的反應——哪怕他們內心底下真實的暴跳如雷與一貫的典雅紳士淑女形象有著極大反差——實在值得學習。

　　就拿三件搭乘英國交通工具的經驗，來看看盎格魯撒克遜人的後代所展現出的人生與文化底蘊。

　　先從空運看起。這是一趟從法國南部大城馬賽回倫敦的班機，眼看班機起飛時間已在三十分鐘內，遲遲不見機場候機大廳告示牆上的登機門資訊指示。隨著時間的逼近，我起身，雙手叉腰開始來回走動，種種行為無一不顯示出我的焦慮，畢竟回倫敦的隔天，我又即將前往德國展開暑期的學術研究交流。我擔心無法順利在計畫內的時間回到倫敦，會不會因這班班機而打亂我後續的行程。

　　終於，電視看板上顯示了某號登機口。放下胸口上的一塊大石，我健步如飛地三步併作兩步移動到登機門前，滿心期待地準備踏上飛機。事與願違，我換來了在登機門前的隊伍中乾等，眼看著飛機停在停機坪上卻無法起飛。原因是氣候因素，在飛往倫敦的天空上出現了一塊極大的雷雨胞，航空公司及機組人員們當下決定不飛，靜待那惱人的雷雨團解散，殊不知這一等就等了六個多小時。

　　晚上8時到隔日凌晨2點多，這六小時內，發生了許多事。即便我睡意再怎麼濃烈，但焦躁感完美制伏我身上的瞌睡蟲。我開始觀

察起候機室裡人們的互動與反應。孩子們的睡覺時間到了，有帶小孩的家庭，父母開始哄小孩入睡、開始向年紀稍長的青少年們解釋為何無法即刻起飛，並教導他們要尊重機師們的決定，因為這趟出行是攸關全機人員的生命安全。此時，腦中突然閃過，颱風天台灣機場宣布暫停飛行班機警訊後，機場內的大媽對著航空站地勤服務人員咆哮著「為什麼不飛？」的新聞畫面。

機師及機組人員們一同在候機室旁的辦公休息室與旅客們一起等候，但他們的等候並不是單純的休息，他們必須在險峻的天候環境及旅客們寶貴的時間中掙扎。基於專業，大概每40分鐘，就會有人員廣播現況，是否要放行起飛。我想一方面是要讓乘客們知道機長們都在，也一直在評估飛行狀況；另一方面，持續地宣布相關資訊，即使是雷雨胞都還在的相同訊息，也是在安撫候機的旅客們，航空公司持續關注此事，沒有擺爛的意思。

時間到了午夜，情況依舊沒變，現場的氣氛卻變得有點焦慮緊張了，人們開始浮躁。少部分的商務人士向地勤人員了解改票的資訊，確定後，直接離開機場前往航空公司安排的飯店休息改搭隔日班機。幾位癮君子可能無聊，起了菸癮，向地勤人員詢問是否能讓他們去可以抽菸的地方透透氣，竟然還有一位中年婦女自告奮勇，帶領癮君子團成隊前往，並幽默地告訴現場工作人員：「**交給我，你留下吧，這個地方需要你。**」接著，工作人員可能察覺到現場氣氛的改變，端出果汁及小餅乾，巧妙地化解了等候多時的窘境，同時也緩解了眾人的焦躁。幾位年輕小夥子，開始彈奏起吉他，唱起歌，伴起舞，候機室裡瞬間感染了歡樂及放鬆的氛圍。就這樣一路音樂歌聲相伴，直到機長廣播：「**打擾一下大家的派對時間，我要宣布我們可以準備登機了！**」

「Here comes the real party time!」一位年輕人吆喝著，眾人持續鼓掌，並依序排隊上機。

漫長六小時的候機時間，沒有半個人向機組人員發怒大吼。不論眾人的內心到底有沒有怒火中燒，這不重要，也無從而知。不過，由此可見，英國人在人生劇場的舞台上，可說是一位好演員！前些章節，我援引了莎士比亞《皆大歡喜》，分享了如何面對厭世的心境。這部經典著作，也是當代符號互動論思想巨擘高夫曼（Erving Goffman）所提出劇場論（Dramaturgy）的引言。

簡單來說，高夫曼以多元自我觀來探究自我在人生舞台場域上的呈現及表演，指出了「社會自我」與「人性自我」間存在極大的差異，位處於光譜的兩端。人們在生活上，不單單僅有一種角色，除了既定的階級、種族、年齡、性別，重要的是，人們在面對不同的人事物及特定情境時的行為和外表，也必須維持社會群體的標準。這就必須透過自身的「印象管理（impression management）」，來製造出對於該情境所需的印象。此外，高夫曼也帶出了人生劇場上前台與後台的概念。前台是人際交往應對的場域，每個人都主動地掌控訊息的角色；後台是人們暫時休息放鬆的場域，具有一點隱私性，能暫時從前台的扮演中得到喘息。他更是提及人與人的互動劇場中，「若沒有前台，社會秩序將會出問題；但是如果沒有後台，生活將會太沉重」**註**。

機場候機的六小時，精準地體現了高夫曼前、後台的理論。英國人擅用印象管理，在前台上維持了禮貌體諒的社會常規，相反地，到了等待時間的尾端，人們慢慢走向後台休息，緩解了前台沉重。

你說英國人假禮貌嗎？我想不是，多數的他們是好演員，平衡了面對無奈的情境。

再來看看搭公車及火車的事件。在倫敦搭公車時，有兩三次的經驗，搭到一半，我的目的地尚未抵達，就被司機廣播請下車了，起初一頭霧水，搞不清楚原因，跟著前方的乘客向司機領了張轉乘

票據（transfer voucher）。後來，終於搞懂原由——司機下班時間到
了。對，司機下班了，他並不會把該趟運送完畢，而是到了一個最
近的站牌，請乘客下車，然後開心地回公司，迎接下班後的歡樂。
下車時看見，司機愉悅地向乘客指著他的手錶，我想他可能也不想
解釋成千上萬遍，想以動作取而代之。習慣提早出門的我，並不受
影響，心想這司機也太懶惰了吧，連最後一趟也不順便載完！不
過，試想正在趕時間的上班族們的反應。司機一派輕鬆地為他們打
氣：「**上班愉快，祝你有個美好的一天！**」此刻，若我是上班族，
我想我也是內心滿滿的無奈，並答聲謝謝，畢竟司機就是下班了。

倫敦火車站國王十字車站（King's Cross Station）時刻表上，跑
出了火車班次取消的訊息，並不諱言地闡明了原因：The train has been
cancelled because of waiting for a train crew member.（此班列車已經取
消，因為我們正在等待火車乘務人員）。這真是英倫令人又愛又恨的
作風。你要對列車組員的遲到或失蹤發脾氣呢，還是要讚揚火車公司
的坦率誠實？我想多數人都是感到又生氣又好笑。最後，一笑置之，
鼻子摸一摸改搭別台火車或是退票去。也不見有人在服務櫃台爆走嚷
嚷：「為什麼取消？」原因很明顯告知了，吵也沒用，乾脆轉身去車
站大廳裡的Costa或Nero買杯咖啡及一顆司康，等待下班火車。

當英國人自身的權益受損時，不管他們內心的情緒如何，即使
再怎麼不開心，前台上的表演，絕對是盡力而為，堪稱一位專業的
演員，禮貌到位，就算是要與人爭論時也不失優雅的氣度。有句話
這麼說：人生是一艘不受控的船隻。碰上了生活上的無奈情事，那
又如何，我想我該學習在無奈過後買杯茶或咖啡，愜意地繼續踏上
人生劇場的下班列車。

註 有興趣可參閱，Goffman, E. (1959). Introduction. In *The Presentation of
Self in Everyday Life* (pp. 13-27). Penguin (1990 edition).。

11 | 出國並不會是Happy Ending，而是再度面對未知

在英國短短一年的時間，細數各趟旅遊的經驗，不誇張，幾乎每趟出行都會讓我遇上交通問題。這倒楣的程度，逼得各個與我同行的旅伴，直呼再也不想跟我一起旅行了！

回顧一下過去，欣喜若狂看完極光後，從奧斯陸回倫敦的瑞安航空，在報到櫃台等不到不知為何消失的地勤，後來是機場員工看旅客可憐，拿著紙本名單一位一位幫我們對護照，延遲了1個多小時起飛。

買了來回不到1000台幣的斯德哥爾摩往返倫敦的機票，一樣是瑞安航空，離上飛機只差臨門一腳，在登機門前被地勤攔截，瘋狂詢問我為什麼沒有簽證，我只好開始霹靂啪啦地解釋，幫地勤上一堂歷史及國際關係課。

總是學不乖，又或是總向廉價航空瑞安低頭，再度買了倫敦飛往愛因荷芬（荷蘭南部的小城鎮）的單程機票。由於天氣因素，機長宣布不在原定機場降落，改為德國科隆機場。最後鼻子摸一摸，從科隆搭火車回原預定地阿姆斯特丹。一張台幣不到1000元的機票，加上天氣狀況改降，實在沒有立場要補償。

這次終於決定不買瑞安航空了！改為投向易捷航空的懷抱。七月底熱浪席捲歐洲，早上的天氣十分晴朗，逼近40度的高溫。然而，晚上預計九點多從南法馬賽回倫敦的班機，無法起飛，因為倫敦上空突如其來下起了場大雷雨，機組團隊決定不飛行。於是，所有旅客被滯留在登機門前將近6個小時（晚上8點多到隔日凌晨2點

多）。慶幸終於回到倫敦蓋特威克機場後，從機場回市區的火車再度延誤30分鐘。

自認為受夠了這些烏煙瘴氣的交通狀況。在英國出行的最後一趟旅程，是受到補助，前往德國參加進修課程。這次，我決定訂購相較於廉價航空來說，品質好一些的英國航空。回英國當天下午，我在距離機場不遠的餐館用餐，想說吃完飯回旅店拿行李，就能順利地動身前往機場。事情卻不如我設想，用餐完畢，打開手機英航應用程式，想確認報到櫃檯，不料螢幕無情地顯示：「你的班機已取消。」什麼？這次不是延誤，不是地勤消失，不是天氣，而是取消班機！原來是英國航空內部系統故障，以至於報到櫃台人員無法調閱乘客資料，因此直接在搭機前3小時，取消航班！

此後，我經常跟朋友們自嘲，所有搭飛機可能會發生的交通問題，短短一年的時間，什麼鳥事都被我遇到了。同時，我也跟朋友說，這是老天給我的人生功課——面對無法掌控的未知。

我是位控制狂。我很喜歡掌控我正在進行的一切事務，並且盡可能地讓它們盡善盡美。因此，只要碰上我無法控制的事情，都會變得格外焦慮。就好比，我在馬賽機場乾等那六小時那樣。來回踱步走動，又搓手、又抓頭，種種身體行為訴說著我的不安。我本身完全做不了任何事情去改變這一切。我無法控制天氣，我無法操控機組人員的決定。

這時，我體認到，即便把自己準備得再好，仍然有許多我掌控不了的因素，特別是在未知的未來裡。或許這就是上天要我學習的吧！不然，不會讓我遇到這麼多次。

人是會進步的，事情遇多了，就不再焦慮。反倒是，懂得如何與未知共處。當我在柏林的餐館得知航班取消一事，並沒有多麼震

驚。看了看資訊，直接改了隔天早上的航班後，馬上向服務生點了一壺茶，繼續坐在餐廳裡，慢慢構想從此時此刻至隔日起飛前的計畫步驟。

或許在英國的這些日子，學會了英國人看事情的方法及生活態度，想要英國人解決一件事情，那就沏壺茶吧！對於英國人們來說，喝茶不單單只是一種生活習慣，在喝茶的時間裡，同時也能找到難題的解決之道。不管發生好事或壞事，事情總要解決，在這之前就先來一杯午茶，沉澱身心。

後來想想這也沒錯。畢竟，焦躁不安的心靈、渾沌的頭腦，是無法好好理性思考的。喝茶的同時，我讓自己盡快冷靜下來，想著離開餐廳後的行程。回旅店，續住一晚，拿住宿證明（準備向英國航空申請賠償），查詢旅店到機場的快捷巴士等。回到旅店後，眼看還有些時間，竟然打開電腦，心平氣和地修改我的碩士論文。最後，安穩地睡上一晚後，順利搭機回倫敦。

的確，我再怎麼急也沒有用，因為問題並不是出在自己身上。人生不也是這樣，有時候自身已經百分之百地就緒了，但往往就是會有些不確定因素從天而降，讓我們想向前也不是，向後也不是，更不想原地徘徊。

這種時候，最好的解決方式，即是耐心等待未知所帶來的挑戰，接著正面迎擊。

生活在平順規劃掌控之下的日子有失挑戰性。人生在世，如果未來都照著劇本走或許單調了些。面對未知，確實讓我身心靈焦慮不堪，但是世代變動之快，難以跟上。就像做研究一樣，花了一兩年時間所研究的心血，在成果發表前，可能已有可以把我們費盡

心力所做的研究取而代之的方案。那這時，也只能兩手一攤，一笑置之。

其實我發現自己的性格也相當矛盾，我喜歡挑戰性的生活，不愛一陳不變的日子，卻同時害怕眼前的未知。在時代的巨輪之下，我們身處於一個不知道明天會發生什麼事的時代。好比進大學前某某系正火熱，是所謂的多「金」產業，或許畢業後會發現，此產業已在太陽升起的另一頭，準備沒入對向的山腳下。這也不無可能。

把自己全方位地準備好，未知的出現，對於有些人來說可能是驚喜，相反地對另一部分的人來說或許會有多一點恐懼。不過，也就是因為人生有這些未知的出現，上下顛簸，或是平坦順行，為我們帶來驚奇與精彩。只要我們小心翼翼地與未知交手，我想，在這面對未知的過程，是能獲取一些成長的。

離開台灣前，與我大學系上的導師互通郵件時，我告訴她，在充實課業之餘，我會去嘗試一次跨鐵路旅遊（interrail），與作者（當時老師帶我們讀的一篇文章）相比可能已稱不上壯遊了。不過，我就是在台灣過太多有計畫的生活，所以此生勢必要「享受」一下充滿未知的人生。

面對未知的學習歷程，我在一年內，享受多次航空公司為我安排的意外行程。最後，我做到了，我睡了兩趟夜鋪火車，15小時多的旅途從布達佩斯到布拉格，再從布拉格到一個世界遺址小鎮，庫特納霍拉；從蒂賓根到柏林的十小時，中間於司徒加特轉乘時，我又碰巧遇上了火車延誤。

LON
DON

Chapter 3

獨自流浪英倫時，
說自己的事

在獨自闖蕩的路途中，認識新的世界旅人、遇上改變
自身的事件、觀察到的社會現象，都成為我重新審視
過往及定位未來的重要因子。

1 | 十五歲，是帶夢起飛的蒲公英還是生產線上的機器人

　　走去圖書館研究生室的路途上，設定成隨機播放的音樂平台，在耳機裡響起了：「**總是惦記，十五歲不快樂的你。沒有地圖，人生只能憑著手上的夢想，循著它的光，曲折轉彎找到有光的地方。那年的夢想，人要有夢想，勇敢的夢想，瘋狂的夢想。**」這首，劉若英演唱的《給十五歲的自己》。

　　聽著聽著突然覺得有點諷刺，我忘了在哪個教育階段的畢業典禮就是播這首歌。但心想，我的十五歲在做些什麼？每天不斷準備基測，越接近考試的日子，越覺得在「題」海中呼吸困難，近乎溺斃。

　　人生中有許多的十五年，但每個人只有一次十五歲。一個人的生命，可以變得無限精彩，精彩得遠超出自己和旁人最大膽的預期。可惜的是，絕大多數的人在年輕時代早已被塑造定型，難以精彩了。

　　想起到瑞典旅遊，參觀Vasa Museum（瓦薩沉船博物館）時，所遇見的一幅最美的教室外風景。雖然偷聽別人講話是不對的，不過是老師帶著學生來到博物館上課。不對，是中學的期中測驗。聽著瑞典老師的講解，加上我自己的揣摩，這是場英文及歷史的測驗。所有的作答必須以英文作答而非瑞典語，關於歷史測驗，是要在博物館中找到相關的歷史證據，並加以論述。

同時間，老師持續補充著：「**你們可以看上課的資料，可以去拿博物館的導覽簡介，也要多多跟同學討論，記得留些時間完成你們紙張上的任務。**」老師語畢，讓同學自行散去。

對我來說，這測驗真特別。在我還是學生時期，絕不可能會出現這樣的考試形式，現在的中學生應該也不可能——光是要把學生帶去博物館就夠困難了，不會有老師想拿石頭砸自己的腳。加上各式各樣的進度壓力，實在難以花費半天的時間在博物館舉行期中測驗。

這樣的測驗允許學生找資料、同儕相互討論，其實已經不是在測驗一位中學生寫出什麼答案了，反倒是在培養人一生重要的兩大能力，解讀資訊與溝通互動。

然而，在台灣的教育體制下，一面朝升大學的方向倒，十五歲的學子們，他們心目中的十五歲究竟為何？

眾所皆知，台灣填鴨式的教育體系行之有年，即便教改一改再改，改到現在的108新課綱，還是能見到此一教學型態的蹤影。從小學基礎學科到高中進階課程，在學校的生活，學生們看似生產線上的機器人。

回想自己的國高中六年，生活被國文、數學、英文等科目所佔據。

國文課，應當是讓我們感受文字溫度，體會作者要傳遞的人生哲學，學會如何有效地溝通表達、言詞達意。到了這年頭，還是很多測驗重視作者姓名、生平、事蹟；又或是詞句用了譬喻還是頂真等技巧；花甲、而立、古稀加減乘除後是幾歲，自以為國文融合數

學的創意考題，還不是要背出這些資訊。這種考題不僅在中學現場看得見，就連要考教師檢定的準教師們的國文考科也出現了。準教師們接受國家這樣的考題檢驗，卻要他們教出有批判能力的學生，我暫且放個問號。

　　英文課，應當培養學生了解跨文化溝通的能力。除非是未來要往外文系發展，否則英文課應讓學生了解善用英文這項工具，得以讓自己更能與世界接軌。語言的本質為溝通，相較於對話，我們的英文課，更重視的是單字、文法、閱讀，卻忘記了語言的習得是要先會聽說進而才是讀寫。可怕的是，即使有對話教學，課本中的對話仍顯得十分「人造」且生硬，幾乎難以運用於生活情境中。畢竟，背熟了課本中的「dialogue」，但實際上溝通時，絕對不會是「I'm fine. Thank you, and you?」。

　　一週內較為幸福的放風，體育、童軍、電腦、家政，往往都是有借無還，借無上限。所剩無幾的閒暇時光，就是在各種補習班中，加強裝備。裝得好，還能多少應付考試；裝不好，金錢時間一去不復返，甚至還會鬧家庭革命。

　　講完了三大主科其中兩科的現況，數學我不懂，學測只考五分，就不多做評論了。但說也奇怪，不知道是自己有需求還是數學腦開發比較慢，大學、碩班做研究時，所需統計技能，我絲毫沒有任何問題，就算是有問題也會自行想辦法解決。

　　自行解決，是個很重要的人格特質，到現在我也還在培養。我不斷地反思，過去的教育經驗裡，我有學會自行解決問題的技能嗎？

　　這樣的生產線教育模式，能培育出有思辨模式、良好人格養成的國家未來棟樑嗎？看來是失敗，部分的棟樑們，各個在手機遊戲及抖音世界裡不亦樂乎。

　　在這樣的教育體制之下，想透過教育提升學生甚至是國民的素養，可以說是緣木求魚。讓我們一起來想想一個情境，今天若有個小孩大學填了哲學系，試想他的父母會有怎樣的反應？「不要填那種會餓死的科系」、「哲學有什麼用」……回覆可想而知。就連我當初要念英文系也遭受了各種質疑。

　　我們來看看一個重視哲學的國家，法國。儘管近幾年來，哲學無用論的呼聲撲倒而來，高等師範學校畢業的貝勒米卻認為：「正因哲學『沒用』，反而更有用。這世代充滿著划不划算、有何成就、過度勞動等問題，而哲學可以暫緩這些焦慮，保留一個不求回報的空間是好事，讓年輕人能去思考一些人生的重要問題。」

　　相較於學習新知，法國的哲學教育側重於個體的思考意識及國家公民的養成。全人的完整教育不僅僅是知識單方面傳授的層面，而是包括系統邏輯化的思維培養，以及政治參與的公民素養。

　　只可惜現在所面臨的真正危機是，現代的我們沒有人撥空給哲學，我們失去了探索真相的謙遜。

　　教育的重要性不言而喻，不該僅有灌輸知識的用途，更是要讓我們下一世代擁有窺探世界樣貌的窗口。然而，台灣的教育體制，能讓15歲青春的年少男女，成為帶夢起飛的蒲公英，還是生產線上的機器人？

近期，教育部大力推動的十二年國教，有一理念是消滅「明星高中」的迷思，也在新課綱中出現。適性培養，行行出狀元，這些大家都會說，但真正去執行的有多少？如果從觀念開始改變，相信學生就不會一味地追求成績、計較參加過多少比賽、服務了多少小時，能放手的去追逐自己的理想，而不是困在中學的框框中。若想法還是跳脫不了成績為導向、成績就是一切的想法，單純端出十二年國教這盤菜，是無法真正被消化的。

2 | 今天的你，國際觀了嗎？

不同種族間的互動，讓我想起在台灣的學校，有一種很微妙的氛圍。

隨著社群軟體的發展，及越來越多家長也活躍於臉書上。許多學校也開始成立該校粉絲團，分享學校發生的大小事。有一陣子，我經常看見，有些學校極力宣傳一兩位來他們學校交換一學期的外籍生。通常會搭配著，「OO學校地球村」、「培養學生國際觀」、「放眼看世界」等諸如此類的標語。

最近觀察到，或可以說是突然想到，我總覺得台灣的學校都在「消費」這些來自己學校的交換生。會有這個想法，是到了英國之後，倫敦的中小學，大學更不用說了，雖然還是以英國本籍或是西方白人面孔為主體，但來自世界各地的學生也不佔少數。然而，當地學校並不會以「我們學校的學生可以變得更有國際觀」作為廣告。

曾經我不斷懷疑自己這樣的想法會不會過於極端，但秉持研究這個現象的精神，我開始看了些學校的公告或是在臉書上的貼文。而後發現了一項很有趣的現象，來台就讀的交換學生來自四面八方，且透過不同的管道及機構。像是有些是扶輪社的交換生，有些則是學校自己的計畫。有趣的並不是交換的方法，而是學校怎麼看待這些外籍交換生。

仔細瀏覽，會發現相關公告中的字裡行間，透露著我們正用自身的濾鏡在看他人及他人文化，以及台灣某種程度來說的白人崇拜。

對於歐洲或美洲國家的外籍交換生，學校的貼文就會如歡欣鼓舞地公告，他們這學期擁有這麼一位外籍生是如此榮耀的事。自己看貼文還不夠準確。我直接找到有當過外籍交換生的友人，並詢問她的經驗。這位來自法國的外籍生表示：「**那時候真的是全校的人都很歡迎我，也常常被叫上台表演東表演西的。**」她對於常常因為學校有什麼活動或嘉賓來就要準備上台表演這件事，感到困擾且不解。

　　另一方面，我看到一則貼文提到的是，來自非洲國家的交換生。內容不外乎，我們學校教導這位學生某些知識，她跟著學校的學生一同做了什麼在她自身國家體會不到的體驗。說實在的，在我看來有點不舒服，感覺有點像在宣揚，他們正在教育非洲來的學生。

　　除此之外，學校都會在網路上，放上這些外籍交換生與該校學生的大合照，再下個「地球村」、「國際觀」等標題。

　　如果真的要培養國際觀，為何不從現有的學生族群 ── 東南亞移民的小孩著手，且他們也是生於台灣、長於台灣，跟地方有深厚的連結。某種程度也是為學校添增不同國情文化的色彩，但卻鮮少看見學校將有東南亞血統背景的學生，作為國際視野或文化教育的一環。相對地，不斷放大這一兩位，就讀一學期或一學年就離開的「外籍」交換生。

　　接著，針對國際觀的培養這點，我更是覺得學校過度消費這些外籍交換生。通常交換生會在一特定班級與學生一同上課。就算再怎麼培養，也只有該班級的學生，會與交換生有多那麼一點的互動，怎麼可能是全校。況且，國際觀的培養只仰賴一位交換生？

　　對於國際視野的培養，還有一個奇妙的現象。台灣坊間，許多教育機構打著「學好英文就能與國際接軌」的標語，欺騙學生。不幸的是，很多人以為英文好就是有國際視野。

　　英文好與擁有國際觀是兩回事。國際化並不等於是英文，學好英文只是國際化的一環。英文是目前最通用的國際語言。英文好能幫助你獲取更多與國際有關的事物及資源，也能讓你用不同的角度看事情。這是因為，學會一種語言，就是學會用另一種方式思考。而國際視野的培養，是學生具備了語言這項工具，能夠去看更多、去了解更多國際間的議題，而不是侷限於台灣的新聞或八卦軼事。

　　在《國際觀的第一本書》內提到，想要加強國際視野，學外文固然重要，對於國際事務、文化、時事，也必須具備一定程度的敏感度及興趣。現代人看報紙時常只看體育跟娛樂版，開電視只看偶像劇、綜藝節目……不，應該是說，拿起手機滑臉書、聊LINE，連報紙都不讀了。有習慣關心國家大事的人是少數，更何況是國際大事。

　　路上隨便找人問，說不定有人不知道「巴基斯坦跟巴勒斯坦在哪裡」，講不清「巴基斯坦與印度的關係」，甚至會以為「澳洲的首都是雪梨」。

　　「全球思考，在地行動」是對國際觀最常見的註解。國際視野的重要性日漸加劇，若我們缺乏對國際觀的培養，是否將漸漸失去在世界上的競爭力？畢竟台灣在世界上是海島型的小國，所以將來我們都是需要自己走出台灣到世界。

　　每個人都有屬於自己的國際觀，這也是學校教育要培養學生的技能。而不是用幾位外籍生的交換，就想昭告天下我們學校是地球村，或是把英文跟國際視野畫上等號。國際視野包含了很多面向，

具備專業的知識、了解世界的走向脈動、展現人文素養，甚至是具有國際人道關懷的情操。個人在建構自己的國際觀上是一段複雜的過程，可由成長過程、記憶、學習及經驗得來，最終就成為我們自己認知系統。

對我們而言，最重要的是，如何在現今全球化的環境下，學習國際知識的同時，將其內化成自己的認知判斷系統，讓自身的國際觀是多種知識及價值的混合，這也是身為現代地球公民的我們所應具備的自我價值。而不是看到網路傳遞某企業如此這般的負面消息，就跟風抵制。在這之前，請先自己去搞懂事件的背景來由。思考國際問題時，也同時在培養邏輯、思考的能力。簡言之，在這國際化、全球化的世代裡，學會獨立思考是一件必備且很實用的事。

國家大小並不重要，一個進步的國家人民要夠有獨立思考的能力，站得高看得遠；對於國際上的事情，不用到瞭若指掌，但千萬不要故步自封。關心全球議題的趨勢時，我們會透過不同的角度來觀察問題，進而得出不同的結論。若將這樣的方法套用在一般的問題，也能讓我們更了解事情的全貌。

3 ｜ 服務時數，要不要？找回自己比較重要

　　與台灣相同，英國的大學在學期初期，也就是九月底至十月初這段期間，開始會有社團展覽，廣招對室內或戶外活動有志一同的夥伴加入。除此之外，另外一項為志工招募，不單單僅限於校內及學生社團的服務活動，而是民間或公家的公益志工團體，也來學校參展，擺設攤位以招攬未來的團隊成員。

　　放眼望去，五花八門的公益服務類別，從中小學生的課後輔導陪讀、醫院志工、博物館或美術館導覽服務員，到為移民及難民服務的機構。

　　有趣的是，在志工招募區的學生看似比社團展覽的學生人數多上不少。

　　這天，我與剛認識的所上同學到學校參觀這項學校新人的盛宴。看了老半天，我心中不斷地冒出「**我能把研究所的課業與社團及志工服務平衡好嗎？**」的聲音。

　　畢竟，我大學時期將這項平衡達到巔峰。然而，對於英國的教育風格型態不夠熟悉，又深怕研究所的課業壓力無法負荷，諸如此類的各種考量。最後，我放棄了社團活動，選擇志工服務。促成此項決定的兩項原因是，社團活動要繳社團費，成員多是大學部學生；志工服務相對彈性一些，可依照自己的時間進行。

　　隨口問問身旁的芬蘭同學，為什麼她也想來做志工？

　　「對社會做出些貢獻是件好事。」

「僅因如此？妳需要申請服務證明嗎？或要寫在履歷中？」

「為什麼需要？服務貢獻沒那麼複雜！」

這段簡短的談話結束後，我感到相當羞愧。在台灣時，雖然我也是在服務領域這塊頗有心得，而且是發自內心參與，但是，我必須告解的是，我第一次的參與服務經驗是別有意圖。大學時期，因為學校有服務學習的課程，不過如果運氣不好就得被分配到掃地。沒錯，就是打掃校園的公共空間。大一上學期，打掃了半年之後，實在不想再繼續掃半年。此時，剛好社團的學長姐正在招募偏鄉服務隊的成員——參加偏鄉服務隊可以折抵下學期的掃地課程（雖然學校說是服務學習課程，但同學們根本不認為是服務學習，而是將此視為厭惡的必修掃地課）。

看到下學期不用再掃地的機會，二話不說，直接參加報名服務隊。下學期初，我飛快地將抵免的手續申辦完畢，心想應該會過得很舒服。

天不從我願，事不從我心。由於擔任班級代表的緣故，教官通知我，班上下學期並不是掃地課程，而是要去國小進行反霸凌教育宣導。即使我抵免手續已辦理，教官仍詢問我的意見：「育聖，你要帶班上同學一起去嗎？」

最後，我答應了，同時竟然還身兼主持人，主持了整場活動。這次，我並沒有意圖地、由衷地完成了此項服務活動。

是的，服務貢獻沒那麼複雜！漫步在倫敦的生活中，初期比較沒有課業壓力時，我參加了一間在Euston車站附近的機構，主要就是負責協助成人移民的英語服務及陪伴有讀寫障礙的小孩進行英語學習。在這裡的服務時數及歷程並不多，到後期，在要寫的文章、

顧及論文進度及品質與時間及體力的不堪負荷下，我只好告訴負責人，短期內我可能要先將所有的重心移到我的私事上。

負責人女士體諒我的處境，親切地說：「**謝謝你這段日子的協助，祝福你的研究順順利利。有空再歡迎回來走走。**」

「**你需要服務證書嗎？我能核發給你。**」

「**不用了，我不需要的。單純做些貢獻，是件好事，也讓我很開心。謝謝！**」

或許是當下我並沒有相關的需求，又或許是整個心境上的調整改變。不像大學時期，我不再收集各種服務證明及時數了。不能說這些不重要，的確有時候，它們就是一項證明。畢竟台灣不像國外一樣，凡事講求證書、蓋章、時數等，就算這些是造假的，大家還是很相信。不陌生吧！升學階段有時候需要服務證明，十張有八張都是造假的。

反思在台灣參加服務活動的意義

談到志工或是公益服務，在國內最常見的莫過於大學生社團籌辦的偏鄉服務隊。組織數量一旦過多，其中就會有好有壞。有良好用心服務的隊伍，另一方面，當然也會有拐瓜劣棄。因此，大學生的志工隊當中，勢必也會有一些團隊專門製造麻煩。

有時候就出現了一些亂象：服務人員竟然比參加的孩子還多；標榜是服務性質的偏鄉營隊，但卻向參加營隊的學童收費；製造出各式問題逼得學校師長來協助解決；以為辦理營隊只需要唱歌跳舞、打鬧歡樂，卻將教育陪伴的真正目的拋諸腦後。

有些服務團隊注意到這些事情，請了講師來演講，團隊核心人員也進行了各種改革。然而，改來改去，唯一沒變的還是陳年已久的企劃專案。最終，在旁人看來並不是服務偏鄉學校的孩童，反而是利用他們，以美化自身對服務的定義。

大家是真心去做嗎？有多少人是為了出服務隊而出服務隊，亦或是為了滿足大學生自我滿足的心靈罷了？究竟是「服務」隊還是服務「隊」？

行前應當了解服務對象或是服務機構需要的協助是什麼。在前往服務地點時，要跟服務機構做到最理想的溝通與搭配，而不是亂槍打鳥地亂寄郵件、亂寄企劃書，看哪間學校接受就前去，或是依照自己喜歡的地點決定服務位置。服務結束後，順便來個三天兩夜遊的劣質團隊，也是大有人在。

服務結束後，服務員自以為是的收穫滿滿，但孩子們學到了什麼？帶走什麼？看似美好夢境的一週營隊活動又回歸現實，偏鄉服務隊真的給了他們什麼嗎？偏鄉服務隊的好壞，難以評論也難以給予評價，因為我們很難確保活動中任何的行動都是沒有瑕疵的。

優質的服務團隊，是服務員的每個動作及言語都是打從心底去付出，並從他人的身上看到自己的不足。服務是雙向的，同時我們也在學習成為更好的自己，一切都須回歸到服務的本質。

還記得我在協助西亞地區移民的小孩學習英文時，儘管他們一週來學習的時數只有一小時，下課後，這些小孩仍會蹦蹦跳跳拿著糖果、他們的摺紙、小玩具來給我。印象很深刻的，還有一位自然捲的大眼小男孩，很喜歡在下課時飛撲而來，無尾熊式地抱住我大腿，以表達感謝。

頓時間，深覺簡單純粹的貢獻，就是如此，甚至不分國界。

這些孩童好單純，往往一個小動作，都是在向你說聲：「**謝謝。**」我多久沒有跟身旁的家人、親密的人、友人，真誠表達過感謝了？步調快速的生活，加上年紀越大，就越將很多事視為理所當然，自然而然地忽略了對任何人事物的感謝──孩童時期，經常掛在嘴邊的純真，是不是會隨著加重的社會化而越來越遠？

我並不覺得去做志工、做服務是去幫助別人。相反地，是藉由這趟服務的過程找到自己。想要重拾最初的純粹嗎？或許抽空，沒有目的地參加服務活動是一種方式。

4 │ 別把天真當讚美——有時候無知帶來罪過

在英國念研究所的教育訓練及經驗，教會我如何更critical（批判性）地看待每件事。很多人會誤會critical是批評的意思。有批評之意沒錯，不過，更全面的解釋，應該是綜合正反意見甚至是多方的想法，去看待一件事情，並給出自己的見解。有一次我與指導教授見面討論時，我對她提出的一個觀點與我腦中的想法，感到有點出入。

老師見我的臉越來越困惑：「**有問題就直接說吧！**」。

我小心翼翼地說：「**很抱歉，我想挑戰妳的專業，我認為……**」我將自己的看法及讀到的資料描述完畢後，提出自己對這文獻討論的詮釋。講完之後，還不小心嘆了一口氣，再跟老師說聲不好意思。

「**不用覺得不好意思。你的分析比較好，我喜歡！**」我頓時如釋重擔。老師還隨後補上一句「**是時候角色要互換了，Dr.Chang**」，緩解我緊張的情緒。

離開前，老師溫暖地拍拍我的肩膀說：「**只要你有足夠的批判性（critical），歡迎隨時挑戰我，不過我也會準備好迎擊的！**」

修改完這次討論的章節內文後，享受了幾天羅馬假期。這麼一座見證數世紀歐洲興衰的城市，不僅是歐洲人民的避寒聖地，更是吸引世界各地的人們前來朝聖。弗拉米尼奧方尖碑（ObeliscoFlaminio）高聳佇立於人民廣場上，為舊城區的一大地標。往上走至位於奎里爾諾山（Quirinal Hill）北緣高處的蘋丘

（Pincio），並可俯瞰整個舊城區，欣賞戰神廣場。

在酷熱的永恆之城裡，看著成雙成對的戀人們熙熙攘攘，夕陽成了彼此愛的見證，實在別有一番義式風味的浪漫。

蘋丘，這浪漫的地方。文學作品《黛西米勒》（Daisy Miller）中的女主角，卻沒有得到永恆之城的眷戀。

"I am going to Pincio."（我即將前往蘋丘。）

"It's not safe. You will get the fever."（那裡不安全，你會染上熱病的。）

蘋丘一點也不浪漫，而是熱病的溫床。1840年代，尚未有治癒熱病的藥物，人一旦染上終將逝世。黛西不顧旁人的提醒，毅然決然地前往赴約。她就如自傲的男主角所說般「天真無邪」。或許是「無知」的委婉說詞？與男主分開前，黛西仍說：「**不管我有沒有得到熱病，我一點也不在乎。**」是天真給了她勇氣，還是無知到了極致而枉顧自身性命？不幸但預料之內，天真不能當飯吃，無知又不聽勸的她，染上熱病，並賠上了一命。

有老師問過我：「**若有一個缺點得放在你身上，自傲（arrogant）、無知（ignorant），要選哪一項？**」我不要臉地選了自傲。原因很簡單，希臘哲學家柏拉圖，早已告誡我們：「**世上唯一的好是知識，唯一的惡是無知。**」

生活中，偶爾見得有些人做了些蠢事，旁人時常以「**你也太可愛了吧！你好天真喔！哈哈哈！**」帶著笑聲呼鬧而過，掩飾尷尬。此時，無知的人還以為旁人正稱讚他們，殊不知他們沒有讀懂可愛與天真的真正意涵。我們對小孩道出「可愛天真」一詞，是讚

美；然而，成年後若是收到類似的詞彙，請不要自以為是，因為這種詞彙在你身上已過了保鮮期，是調侃。

現今資訊爆炸的時代，我們不一定什麼都懂，對於不同的領域不可能樣樣精通。遇上我們不熟悉的話題時，我們最好幾經思考後再發言，畢竟言多必失。有時候愚昧者不語（不是貶意，是形容面對不熟稔之事的人們）也算是種智慧吧！註。

從柏拉圖時代到當今社會，人們對於「無知」的態度，似乎沒有改善許多，反倒是充斥於我們的生活當中。不知道大家是否還記得簡稚澄獸醫師為自己施打用來替流浪狗安樂死藥劑輕生一事。身為動物收容所園長的她，礙於法令及資源的不完備，任職期間執行了數百隻流浪狗安樂死的任務。節目採訪播出後，動保人士一面倒的批評言論及難聽的言詞攻擊，如女屠夫、劊子手，迎面而來。一位以第一名成績獲得獸醫資格證照的年輕女獸醫，沒有選擇動物醫院較為光鮮亮麗的職務，而是到流浪動物收容所服務。把這樣一位獸醫師，冠上上述兩種稱號，無知的人知道言論會殺人嗎？躲在網路鍵盤後面暢所欲言，不太需要為自己的言論負責，但有多少人跟著留言走，人云亦云。最後，迫使簡稚澄獸醫師走上了最後一條路。無知就算了，但無知的言論，不小心也好，故意也罷，卻造成無法挽回的局面，一條人命的逝去。

在古代社會只有撰寫史記的史官以客觀的角度記錄朝代的一切；直至今日，越來越多人認為自己是正義的專業人士，開始了義正嚴詞的批判。然而，在網路留言都能成為新聞報導的台灣，部分民眾對八卦軼事、消息傳遞的心態就截然不同。

台灣的八卦媒體報導，佔據了人們的生活。有趣的是英國也不例外，英國的八卦小報讓人又愛又恨，像是《太陽報》、《每日

鏡報》。與台灣相似，這些小報們以聳動奪目的標題及頭版設計，報導著名人的醜聞、政治人物的私生活，還有皇室的內幕。與台灣不一樣的是，閱聽人的反應。人們匆匆地隨手把翻閱過的小報塞入地鐵站出口、人行道上的垃圾桶，看得出英國人把小報的報導當作生活消遣，就算不會考究報導的真偽，但也不會去討論它，秉持的「看看」的心態。小報的存在大概就是滿足一般民眾窺視另一種階級的好奇心，單純的生活娛樂。我在英國的生活中，也鮮少聽見朋友同學談論起小報的內容，或許大家比較偏愛的還是天氣、足球、啤酒。

人手一機的網路世代，只要輸入關鍵字，想要的資訊幾乎唾手可得。但這些資訊是真是假，該如何判斷？在社群媒體一面倒的聲浪下，如何看見事件的原貌，並做出屬於自己的價值判斷？哪怕是*我們與惡的距離*，人們與鍵盤的距離，往往與討論、攻擊對象的生活，差了十萬八千里。那為什麼人們要參與攪和在他人的生活中呢？又改變了什麼呢？

今日在鍵盤上敲敲打打發布言論，成為人們生活中的一部分。那些隨謾罵起舞的人，往往都不知道自己某種程度也是幫兇。他們的無知不查證，鋒利的言論如利刃般，刀刀致命足以毀掉一個人的人生。像是影視名人偷情找小三，酸民們在網路上罵他兩句，他過他的生活，人們的生活依舊。酸民們得到了什麼？什麼也沒有，就是在製造更多的混亂而已。

有些人仍無法理解柏拉圖給我們的忠告。網路上的言論，如熱病一樣四處流竄，也成了一部分的社會亂源。會批評的人四處都

註 聖經箴言17:28：「愚昧人若靜默不言，也可算為智慧，閉口不說，也可算為聰明。」

有，但擁有批判性思考的人數卻大幅驟減。網路上即時的留言通常都是cynical（憤世嫉俗）而不是critical。我是臉書上一專頁社團的潛水員，觀察許久而得：非專業的批評聲浪永遠凌駕於專業人士之上。

　　一位檯面上英文老師的文章在社團中慘遭公然批鬥。他是美國名校畢業的專業英文老師，各大英文學術考試逼近滿分，甚至出版數本英文學習教材。不幸地，專業人士也成了箭靶。他的文章絲毫沒有錯誤，他被檢討的點是有些句子表達不夠像母語人士！攻擊他的人並沒有專業學術背景，何謂母語人士該有的英文，標準難以界定。而學界近年早已有學者重新定義母語人士一詞，呼籲避免使用母語人士這四個字。

　　人類是一種具有群聚行為的社會動物，這一點可以很明顯地在網路上的輿論風向觀察而得，常態之下，所有的意見都會往相同的方向匯集。此時，只要出現另一種聲音，可想而知那位發聲者勢必遭受圍剿。這樣群聚的社會行為，是透過周遭的資訊影響，以學習的方式而產生，而通常結果都是對自己或是對該群聚團體有利的。最後，聚眾們群起瘋狂，在群體中的人們會慢慢失去理智**註**。造就網路社群上言論，如海嘯般一面倒的樣貌。

　　無知群眾的言論，有如熱病一樣破壞常人的生活。無知是惡，有時會招來罪過。無知群聚者們永遠無法理解，自身的愚蠢與罪惡。世界很大，他們永遠站在自認為的中心點，依然認為地球為他們而轉動。希望群起瘋狂的他們，能「一個一個慢慢地恢復理智」。

註 Mackay, C. (2012). *Extraordinary popular delusions and the madness of crowds.* Simon and Schuster.《異常流行幻象與群眾瘋狂》

5 | 下次記得說聲「不」！

We reserve the right to refuse service to ANYONE.（我們保留拒絕服務任何人的權利。）黃底黑字，外加ANYONE的大寫字體及紅字。更附上了一些有趣的註解：

·*No matter who you are* 不論你是誰
·*Who you think you are* 不論你覺得你是誰
·*Or you your dad is* 不論你老爸是誰

在蘇格蘭第二大城格拉斯哥，鋪滿鵝卵石地板的古城區中一間音樂餐廳酒吧的門口，擺上了這樣一塊告示。顯眼的看板配色，都難以不讓人多留意一會兒，更是跟這城市的古老優雅空氣形成強烈的對比。

其實諸如此類的告示板在倫敦的餐廳、酒吧外，也比比皆是。只是這一回，讓我在閒逛於格拉斯哥時特別留神。

在英國，「人工」是很貴的，是相當高的成本。一道餐廳菜的價格往往比自己料理還貴上一倍之多（若是自己有辦法採買烹煮的話）。除此之外，服務費也是出了名地高，通常是12.5%。雖然消費者能拒絕給付這筆服務費，但通常不會有人這麼做的，除非當天的侍者真的糟糕透頂。即便餐廳沒有在帳單上加入服務費的款項，多數人在結帳時都會湊合到整數，並向侍者說聲：「**Keep the change.**（零錢就不用找了。）」隨著付款方式的改變、桌邊刷卡機的出現，現在越來越多的餐廳，也會讓消費者自行輸入消費金額，這時就是適時幫服務員加入小費的時機。（這裡順道分享一下，英國人數字概念似乎真的很差，連學測數學底標的我都能感受

出來，不過他們同時也很信任顧客。與朋友在餐廳用完餐後，我們通常都會跟結帳人員說split the bill，但有時候他不是算很久，要不然就是請我們自己輸入價錢，最後也不會重新計算總額。）

英國人相當重視自己權益。不論是各行各業，像是餐飲服務業，他們覺得這客人素質差，或是酒醉客人在餐廳鬧事，不管你是何方神聖，都直接拒於門外，不想服務。又或者像是在書中有篇提到公車司機下班時間到，請乘客們下車的例子。就我而言，「**連最後一趟也不順便載完！**」是我發自內心的想法。但其實，司機也只是在捍衛自己的上下班權益。

「順便」這兩個字，有時真的是順便到讓人覺得可怕汗顏。生活中，我們對這兩字的應用絕對不陌生。

對著語言專長的朋友說：「**順便幫我翻譯一下好了，外文系的OK吧！**」對著有美術設計天賦的朋友說：「**順便幫我設計一下名片，物件隨便放一放應該很快吧！**」對著懂法律的朋友說：「**這合約順便幫我看一下，常看應該很習慣。**」

「就順便……怎麼樣」這心態其實很不好，對提出要求的人以及對接受要求的人都不好。因為我們眼中的小忙，通常都不是小忙，有時候可能會是大麻煩。

還記得有一次在上課時的震撼教育。那天下午，我們在討論語言教室的研究議題，該如何呼籲授課教師一同參與研究機構的語言研究。經過一番的熱烈討論後，有位英籍同學為大家總結：

我們也不是想把教育研究這項美好的事物，與物質主義掛上邊。但事實上，在職教師真的相當忙碌，不是我們不願意參與對學習者有利的研究，我們的教學負擔跟其他負擔真的很大。不過

如果研究中心願意多給我們一些額外的津貼或是減低教學時數，我們是很樂意參與研究的！

英國同學溫文儒雅且委婉地講了一大串。簡單的課堂討論都還是這麼有禮貌含蓄。此刻，「Yeah! Yes! Pay more or reduce teaching hours!（是阿，對！多給錢或減鐘點！）」一旁的印度大姊附和著。我笑了出來，同樣的核心思想，爭取的方式卻如此不同。

英國人真的是將很敢要求權益及勇於適度地拒絕他人的精神發揚光大。不能說他們自私，而是他們真的很看重自己，自己就是生活的中心。我非常欣賞這一點態度，雖然有時候就是他們這樣的生活態度讓我愛莫能助。

學期隨著論文進度走到了尾聲。七月底與我的指導教授開完會後，我向她寒暄：「八月找不到妳對嗎？有問題還能不能聯繫？」

「No, no, no! I am on holiday then.」教授這麼回覆，語句中還帶點輕快的旋律！

相處到後來，我跟老師很熟了，我便對她開了這玩笑：「**看來我要在這幾天瘋狂地用信件轟炸妳。**」

看似委婉地「說不」，但其實老師表明得很堅定：八月我在放假，誰都別想來煩我。這樣有原則的拒絕，並不會讓對方覺得不舒服。八月本該就是老師們的假期，研究生的論文收尾期，正常來說老師們是不會回信件的，但還是會有掛念學生進度的老師們與我們通信。不過原則就是這樣。

魯爾夫·杜伯里斬釘截鐵地說：「**小幫忙就是大陷阱！**」因為我們永遠無從得知這樣的小忙，會耗盡我們相當多的時間及精力。當

然有時候真的是超級知己的要求，我一定會協助，但在我事情堆積如山、自顧不暇時，我也是會了當地拒絕。更不用說是一些素昧平生的臉書好友，時不時就會在聊天室裡傳來需要翻譯協助的訊息。一來我翻譯專業不夠，二來我也沒有多餘的時間。這時候，我會直接說不，並好意地轉介我有翻譯專長的友人（當然就是要收費的）。

常常我們多了人情義理的這些包袱。王某是小林的朋友，是不是該免費順便幫一下？日子久了，我們就會常常陷入這種可不可以順便幫忙的循環裡，搞得裡外不是人。以幫之名，而將任何專業或是協助視為理所當然的例子，在我們的生活中無所不在。就連我自己本身，可能也曾是這循環中的一分子。練習適時地說不、拒絕，甚至是爭取該有的權益；同時，也不要成為總是以「順便幫一下……」之句開頭的人，是當今在這社會生存的必要之道。

有句話這麼說：「**成功的人與非常成功的人的差別在於，非常成功的人幾乎對所有的事情都說不。**」就是這勇於拒絕的不，讓我們可以有更多的心力放在自己身上。

6 │ 社群網路吞噬掉的生活

　　有一天將近八小時的白天，因為電信問題，幾乎所有倫敦人的手機都沒了網路訊號，在沒有無線網路的地方，不能更新臉書動態，不能觀看推特，不能傳送即時訊息。很難想像，這件事情若發生在台灣，會有怎麼樣的情景。

　　在倫敦街頭，人們一如往常地運作。也因為這經驗，我幸運地發現，原來自己並不是個手機重度使用者，沒有網路的一天，我絲毫不會焦慮。最大的焦慮就是無法使用Google地圖，會多走幾段冤枉路，才搭得上地鐵。

　　如果說習慣台北捷運的清潔、明亮，以及安靜舒服的車廂，我想多數人一定會對倫敦地鐵冠上惡名昭彰的評價。已有超過一世紀歷史的倫敦地鐵是歐洲最早興建的城市地鐵——老舊及吵雜的地鐵車廂，加上搭了一圈地鐵回到家後，勢必要拿張紙巾抹去鼻孔的灰塵。

　　更讓現代人受不了的是，倫敦地鐵幾乎沒有訊號。這是因為歷史悠久，新舊線相互交匯，許多路線深埋地下數公尺。即使沒了網路連結，地鐵上仍搭載著通勤時打發時間的「低頭族」。然而，這些低頭族們看的不是手機、平板，而是輕薄的報紙、厚重的教科書、打發時間的小說，甚至是一張熱感紙印刷出來的短篇文章。當然，部分人士看的是平板上的電子書。

　　我在地鐵上，什麼也不做，只愛看大家在做些什麼。

一陣子之後，我發現一件趣事，相較於使用通訊軟體（WhatsApp）傳訊息，他們偏好傳簡訊！原本以為是世代差異，但其實年輕人也是，只是從一般簡訊換成iPhone的iMessage。我心想這也太復古了吧！不過，這說不定是件好事。

通訊軟體的問世，原本是促進人與人之間的互動，加深彼此的連結，為人們帶來更便利的生活，對於居住倫敦的我，能時常與家人朋友有立即性的聯絡。然而，怎麼會讓智慧型手機及網際網路的便利，最後造成破壞彼此情感的危害呢？

其實是人們心態的改變遠不足這些便利性所帶來的影響。人們使用社交通訊軟體，從原本的抒發心情、分享生活，到後來我們高估了自我的情操與容忍度——比較心態後，情緒波折——最後，嚴重一點的話將會感到絕望。

多數人一天到晚說是要看書陶冶性情、要多看看生活中的美好、要看世界，但時常一閒下來就是開始滑手機，臉書、LINE、Instagram（IG）、YouTube再回到臉書，一個午後就在這樣無間斷的循環中滑完了。結束後開心倒是還好，因為他們在這休閒活動中得到滿足；然而，多數人卻是在這種自以為「紓解壓力」的午後，而感到沮喪與失落。這樣的感受大致可以歸咎於兩項原因。

一是，我們時常迷失在發動態及照片的假象中，習慣於展現美好的一面。看到別人的美好，我們進而比較，接著發出自己體面的動態分享。就像我，會分享學生考試結果優異領獎學金時所拍的照片，但絕不會將學生考差，家長退費的事件坦承佈公，正所謂報喜不報憂式的動態。但為什麼我們要在社群媒體上分享？因為我會看到「老師好厲害」、「老師教學認真」、「桃李滿天下」的留言，滿足讚數及沉浸於一面倒稱讚中的虛榮心罷了！畢竟，會因為這則

貼文而來報名上課的人的機率根本是千分之一，少之又少。

回想在倫敦的跨年夜，學期論文的截止日近在眼前，我並沒有擠到倫敦泰晤士河畔，欣賞炫麗的跨年煙火，反倒是躲在昏黃燈光的宿舍裡，打開桌上讀書專用的檯燈，面對成堆的書籍及期刊，雙手在鍵盤上游移敲打。看著通訊群組裡，友人傳來煙火於倫敦夜空綻放的影片，我並沒有太大的情緒起伏，而是先將這影片轉發至我個人的社群軟體上。為的是什麼？其實我也說不上來。是想製造出我在倫敦參與異國跨年的假象，又或是想要在社群軟體上成為一同跨年的一分子，而獲得歸屬感？真的無解。不過這再為報喜不報憂式的個人社群近況分享，再添一例。

人們的內心究竟對於這樣只在社群網站上「報喜」是抱持怎麼樣的心態？因人而異。而我就還真的是死愛面子，純粹不愛將自己的困難公諸於世。在社群平台上，多采多姿成功的生活樣貌，我們到底要拚了命地選照片、撰寫文字經營限時的生活，還是要面對真實的現實人生。

相較報喜式的分享人生，有另一種比較可怕的現象。現在出於各種社群平台即時動態的方便性，有些人便會在遇到不如意的事件後，立刻發文大肆怒罵，怪罪抱怨，稱之為「心靈黑洞式動態」。這時他們會反駁：「**我就是要分享，你不開心不要看。**」接著，開始有友人刪除他的好友名單或是取消追蹤，這些專門製造心靈黑洞式動態的人們又會開始埋怨大家都刪除他們。相較於上述美好生活假象的動態，更不會有人想看到負面情緒的文字或影片，沒有人有必要共同承擔他人的負面火山。

拜社交軟體多種功能所賜，使用者可以自由地開啟或關閉互動模式，張貼分享不同形式的貼文或動態。在Instagram上有些有趣

的現象，有些人將他們的動態設定無法回覆；有些人煞有其事地分享個人心情紀錄，卻將文字縮小至無法閱讀的大小。出自於好奇心，我並非想了解發生何事，而是想了解這些行為動作的背後想法。我開始委婉地向當事人詢問此一操作的動機。「真正有心要與我互動的人，就會特地小盒子私訊我，或是傳LINE給我啊！」我得到這樣的答覆。當下，我並沒有買這個帳，思考著社交媒體如何形塑人們的社交型態的同時，便開始抱怨起大家都不關心她的無底深淵。

究竟人與人之間的互動，從什麼時候起，變成需要用「特別」回覆動態來體現友好程度？我們什麼時候開始透過發文來抒發情緒？發了這些情緒動態分享，問問自己，哪一次真的有解決掉問題的根源？事實上，這樣的機率微乎其微。

因為經常性地發送動態，我們變得不會講出自己心情感受。我們開始以各種社群軟體上的互動性來定奪友情間的一切。

逐漸地，人們對於使用通訊軟體的習慣不同而導致無謂的猜疑，最後變成衝突。有的人喜歡看到訊息立刻回覆，這讓部分的人感到有壓力；有的人會把訊息積了許久後統一回覆，這讓有些人覺得通訊對象不重視；有的人喜歡先看訊息，思考後於空閒時間回覆，這讓人猜想為什麼被已讀了。

停止這一切的糾結，生活會好過些。訊息分兩種，重要訊息及閒聊訊息。

有時候朋友間，即便是重要訊息，也不至於使用到電子郵件，為了方便LINE上處理即可。在一個幾乎大家每日使用網路的年代，拿「我沒看到訊息」接著數日以上才回覆訊息當藉口的人，

幾乎算得上是說謊說得最沒誠意，這種人堪稱白目，畢竟就是重要訊息，就我看來，他純粹不想回你。不過，好處是同時可以看清這種人，提醒自己以後急事和要事別找他，或是他根本不重視你。我遇到這種情境，起初會蠻生氣的，但到後來也帶著看很開的心情，既然這是你對我的態度，我也不強求，慢慢跟你疏離。

另一方面，我對於閒聊訊息的態度就是要怎麼樣隨便對方。反正，這種訊息最重要的功能不就是保持聯繫，與對方互相更新近況，關心彼此嗎？更不會閒來無事到在乎已不已讀。真正朋友的模式有兩種，其一，每日肆無忌憚地暢所欲言；其二，久久聯絡一次大聊特聊，或是直接相約見面。回台後，我跟歐洲的幾位友人仍保有聯繫，巧妙的是，我們大概一個月只會在WhatsApp上傳遞兩三次訊息，但我卻陸續並重複收到他們從各地寄來的明信片。已讀不已讀有那麼重要嗎？其實，根本沒有必要額外增加自己的情緒。

重要的是把時間花在真正有情感交流的人身上，臉書上的好友到底是有幾個在一年之內跟我們面對面地談過話？

我曾經跟朋友們分享過自己對社群軟體的看法，我只使用臉書及IG。我把臉書當作是一本電子名片，所以採取一種廣結善緣的心態；另外IG就是私人的生活紀錄及分享。在這樣自我對社群軟體定義後，我開始大動作地移除IG上的好友名單，移除標準是，一年內沒有當面見面或是沒有使用文字傳過訊息的全部移除。原因是，我不會主動找對方，對方也不會主動連絡或相約，那到底無謂地觀看彼此生活分享的意義何在？再者，對方過得怎麼樣，我絲毫一點也不在意；反之亦然。

或許有些人會覺得我太過極端,但這舉動帶來最大的好處是,生活上少了多餘且莫名的情緒負擔,也大大地降低花在社群平台上的時間。真正的朋友不會在乎你是否出現在網路上,依然定時相約固定見面小聚。

　　一週當中,我會找尋一段時間,關掉所有與外界聯絡的方式,好好處於自我的宇宙空間,一切會很不一樣的。在非工作時間,我三不五時會與外界隔絕數小時,以換取心靈上及大腦裡的和平。

　　網路科技的確改變人們的生活模式,帶來便利卻也控制了生活。我們必須承認,網路便利控制的情緒範圍遠比想像的多太多了。網路、通訊軟體、社交平台絕對不是問題,問題在於使用者能不能調整對這些事物的心態。人才是終極的核心問題,找到自我對社群軟體的定義,別讓便利的網路社交吞噬了你原本平靜的生活與人際情感連結。

7 │ 耗時三個月之久的賠償

　　我經常遇上難以控制的交通事件。在結束一連串密集的教學及研究訓練後，從德國柏林準備返航倫敦時，遇上了英國航空內部電腦系統故障，導致地勤人員無法在登機前確認旅客資料，最後英航被迫宣告取消班機。

　　搭飛機旅行的經驗一多，遇到這種事情第一個反應絕對不是氣急敗壞，反而是開始上網查詢歐盟及英國相關的旅客賠償規定。確定可以申請索賠後，我立刻將行程耽誤時數、飛行英哩數、額外住宿花費等細項全部整理好，並開始填寫賠償申請書。

　　記憶十分深刻，我是在回倫敦的週日午後處理這事件，剛好是台灣晚上睡前的時間。例行性地與母親通上電話，我開始劈哩啪啦地跟她說，我正準備要向航空公司討回機票錢並要回我額外的支出。

　　電話另一頭，母親欲言又止道：「**這樣好嗎？會不會造成人家困擾？你再想想。**」

　　「**他們才造成我困擾，我自己會處理好。**」知道母親不太喜歡與人正面衝突，大事化小，小事化無的處世觀。然而，我完全沒有遺傳到她的性格，凡事據理力爭。

　　結束與母親通話後，接續著與台灣朋友的群組通話。同樣地，我向他們說了這件事。出乎意料地，我以為沒有了世代差異，大家會認同我向航空公司所採取的後續動作。殊不知「**吼，張育聖不要當奧客啦！**」「**你不要這樣啦，你明明之前搶了很便宜的機**

票」「很麻煩吧，省省時間不要跟他們耗了」「算了啦！申請了也不一定要得到賠償」大家一面倒地說出這些回覆，勸退我不要白忙一場。

我理解朋友不想讓我瞎忙的貼心，不過，我實在太好奇眾人對這件事的看法，便開始向更多友人詢問此事的意見，深怕自己硬是要拿到賠償金的心態，太過得理不饒人，而萌生了點罪惡感。

然而，根據我個人無趣的調查結果，唯有幾位少數台灣友人贊同我的作法，他們卻也相當不看好我能成功拿到賠償金；另一方面，我向宿舍的樓友們分享，看來他們早有許多索賠的經驗，不斷地向我分享他們成功的例子：「你一定要申請，我上個月才拿到錢。」「他們（航空公司）會裝傻，你一定要持續追蹤！」一個個支持我的作法。

或許在台灣真的不常遇上像我這種班機取消的案例，因此多數的友人皆持保留的態度；抑或是，我們好像很容易因為顧客寫抱怨信或是索賠，而被戴上「奧客行為」的帽子，即使是在合情合理情境下的正常顧客抱怨申訴，原因就是這些抱怨造成公司的麻煩，可能讓失事的員工丟掉工作。這些擔憂我當然明白，但是做錯事情不就是要負責任嗎？

在撰寫賠償申請書時，我絲毫沒有任何對航空人員的抱怨或批評，反倒是稱讚他們在幫我更換航班時的效率及服務態度。而我主要的訴求論點是，以航班取消造成原定行程耽誤及額外花費的事實，書寫抱怨賠償信──針對事實狀態理論，而非冠上這事實所帶來的情緒反應。我發現很多人與人之間的爭執，爭到最後都已經不是在處理原本的事件，而是因此事所衍生出來的情緒反應，變成後續的爭吵主角，歹戲拖棚。當事人彼此早已忘了為何而吵。

　　除了針對事實本質的溝通外，這次的航空公司索賠事件，更讓我驚覺，實際上多數人對於一件未知或未嘗試過的事，多半都是心存畏懼，不敢跨出第一步。試問自己，是否有過幾次「**好像不好處理耶，要先OOO又要XXX，算了吧⋯⋯**」這樣的聲音在內心徘徊後，因為怕麻煩而打消了原定的念頭或主意。

　　在申請理賠的過程中，如我樓友所分享的，航空公司經常會裝傻，技術性地拖延，拖到申請者忘記，當然最後如果不了了之，那就是公司賺到省了一筆。我本身也是相當怕麻煩、討厭處理諸如此類的行政流程，這次或許是因為百般被友人不看好，在大家都覺得我拿不回賠償金的壓力下，我卯起來定期追蹤航空公司的理賠進度，從倫敦追回台北。

　　起初提交文件後，收到了一封官方罐頭式的回覆，大意為「我們收到你的申請了，但目前的工作量超乎平常的負荷，請你耐心等候回音」，並給了一組代碼，就當作航空公司給的證明紀錄。

　　後來，我長時間投入於論文最後的修改期，當時天天與論文為伍。時隔多日，在差點忘記這件事情時，我的樓友突然關心我拿到錢了沒，才想起與大公司的抗戰還沒結束！確認日期後發現，已經過了一個多月，心想該不會真的就這樣在堆積如山的申請件中被遺忘了吧？於是立刻發了一封郵件，確認理賠進度。一兩天後，收到了一封真人的回覆，但是仍是相當罐頭式的信件內容。好吧，就當作他們還有在處理。

　　從八月等到十一月，我實在受不了了，距離我的申請日已經完完整整超過三個月。我向英航的客服部發了一封信件：

「……我的旅伴告訴我他已經收到回覆，並且也已經拿到賠償金額了。如今我卻尚未得到任何來自英國航空關於我所申請理賠的消息。不知道您是弄丟了我的申請件，還是我需要向『歐盟飛航相關單位』重新申請。」

事實上，我沒有旅伴，也不知道要繼續向哪個有關單位控訴，純粹是我胡亂捏造的郵件內容，目的只是想要英航盡快處理賠償。我十分肯定自己的申訴在合理的賠償規範內，並不是一位硬要敲詐的奧客。非常迅速地，英航以前所未有的行政效率，在我郵件寄出的隔日立刻來信，並計算好賠償金額，承諾於五天內匯入我的英國帳戶。

從這件事的結果，可以看出航空公司貌似以技術性延誤的方式，讓申請人遺忘此事，如此一來，說不定能少掉幾筆賠款。多少人三個月後能繼續追蹤，力追進度；還是就此打住？事成之後，我開始跟當初不看好此事的友人分享自己成功拿到賠償金。幾乎所有人紛紛表示：「真有你的！」

從無關緊要的生活小事，乃至人生重要戲碼，我就是如此地難纏。一旦想要到手的事物，說實話我不太容易善罷甘休，就好比這次的索賠事件及我想出國讀書的人生清單。眾人絲毫不看好的成果，卻在我極盡「人為的操控」下翻盤了。

在飛去英國前，我一直交代雙親對親戚封鎖我要出國讀書的消息，然而，消息仍不脛而走到親戚的耳裡。「**不要出國讀書回來還領22K喔！**」身為一位從小就不被看好的兒孫輩成員，大學選了英文系直接被預言未來沒前／錢途；選修教育學程立刻潑上

一桶冷水說要當流浪教師；準備出國讀書，還是無限循環的酸言酸語。

　　不如那些人所願，我逐漸地用成果，一項一項推翻他們的斷言。這麼說的確相當陳腔濫調，但我到目前為止所完成的人生成績單，仰賴的就是，我對所追求之事的執著與不輕言放棄。

8 | 人生宿敵——想要你最好

　　我和K是大學英文系的同學，也修習教育學程。在英文與教育的領域上，都表現得比同期同學好一些。唯一的不同，「我是撒旦，K是天使」，K這麼描述。

　　「學生這樣就給他去吧，家庭背景不支持，自己又不上進，補救課愛上不上的。我們再怎麼幫他們，他們自己不願意把手伸給我們，又有什麼用？」我說道。

　　「我們還是可以給他們……」K還沒說完，就被我打斷。

　　「反正他們自己不上進，就準備當社會金字塔的底層。社會要正常運作勢必要有這些底端的人們，要不然大家都學識淵博、都是高知識分子，這社會應該會大亂，這就是社會運作的法則……」

　　我不是不愛學生，但總是有許多腹黑思想。K當下沒反駁我，反倒是有點認同我。然而，大概是四年後，某一通長途電話中，她突然跟我說：「我似乎有可以反駁你的金字塔理論的論點了。」

　　我撒旦且低俗式地回覆：「這問題妳還想那麼久喔……但是我現在不想聽，我們先談正事。」後來，我有沒有聽到K天使般的論述，其實我也忘了。

　　我們大學修了很多一樣的課，幾乎所有報告都同一組，校外教學服務也排一起，幾乎天天見面，只差我沒有搬進她所住的女生

宿舍。

我曾胡言亂語地跟她說過，要是有機會，我要在寫墓誌銘前，出版一本我的書。

2019年1月9日，我還在英國，當天我的LINE跳出了位稀客，就是K。為什麼是稀客？因為當時我們在吵架，吵了半年之久，甚至更久。除非有什麼大事，要不然真的鮮少聯絡。加上，我們兩人氣場過於強大，以至於我們身旁的共同友人阿詠，並沒有來勸和。

其實，也不算是大吵——應該是瑜亮情結作祟。

一封郵件的截圖。加上「Your email」、「It seems that your dream is coming true.」兩句簡短的通知。

簡言之，2019年初時，我在網路平台投稿了一篇文章，得到出版社總編輯的賞識，想邀我出版書籍，但卻找不到我的連絡資訊。最後，循線找到我的母校淡江英文系。收到信件的職員，在我畢業後，許久未聯繫，一時之間她也連絡不上我。當時K還會回系上幫忙。於是，折騰了一圈，系上透過K找上了我，傳達出版邀約一事。

以我對K的了解，她當時一定很不爽。喔，我不應該對她用不爽一詞，可能用不悅，會好一些。畢竟，當時我們正值吵架期間，她絕對會想說，什麼都綁一起，就連要找人也找到她這裡來。

K並沒有在我們吵架期間，對我隱匿出版的邀約。反而，持續提醒我要與出版社聯絡。這點證明，我們算是很正向的瑜亮情結。良性競爭的友誼關係，戰勝人性的忌妒心。

為什麼我會稱K是「人生中的宿敵」？其實在回國前，我在一次旅行中，寄了張明信片給K，跟她告解了我們當初癥結的吵架原因，道了歉。我們為了一項獎項在爭執。其實，她可能更早就釋懷了，我可能也想早一點講明。但，我們就是愛面子，彼此拉不下臉。

　　雖然說我們吵了很久的架，但是在英國讀書的期間，我有疑難雜症也是常常向她求助，她甚至無償地協助我研究用問卷的開發。說是在吵架嗎？我到目前為止，還沒有遇過肚量這麼大的友人。

　　有趣的是，身旁鮮少有人知道我們在吵架。我們有很多共同朋友，也有很多共同認識的老師。他們老喜歡向K打聽我的消息，當然也總是向我探聽K的生活近況。然而，我們兩個死愛面子，卻不對外人說「**我們正在吵架！**」還是將彼此的近況更新給關心我們的長輩及友人。天使與撒旦的共同點，就是死愛面子，永遠拉不下臉。

　　回國後，我覺得自己的職涯路途並沒有走得很順遂，不如心中的期待。傳了訊息給K胡亂抱怨一通。她當時是全職考生，仍撥出了衝刺期的讀書時間，回傳了我千字文，也跟我通了將近兩小時的電話。即使我不停鬼打牆，她還是耐著性子跟我講話。我完全不管她兩天後要考托福。隨便一通電話過去，對她鬼吼鬼叫多時。

　　最後她詢問我，關於出書的事進行得如何。「**我覺得你的書一定要有一篇寫給我！**」於是一個月後，有了這篇文章的誕生。

　　大學時，我時常嗆她，最初就是你來搭訕我的！「**看我修榮譽學程，就來跟我裝熟吼。**」「**你才看我修教育學程，也來跟著修吧，跟屁蟲！**」K這麼回擊。最後，誰也不承認誰先搭訕誰。我

們很幼稚什麼都愛比，每科成績都要較勁。一起拚計畫，我有得到補助；她沒有。參加比賽，她英文口說很好，出征中國拿了很好的名次；我沒有。我代表學校得了全國大專優秀青年；她沒有。她受聘至香港教育學院研習及演講；我沒有。

當然我們也時常合作一起出征比賽，或去研討會發表。一同征戰的時刻，成績時好時壞，多半是共創佳績。也曾遇過比賽不公，她親眼目睹我對主辦單位爆怒。那次的英語簡報比賽辦在屏東某所學校，當公布獎項時，就連隔壁許多隊伍都為我們抱不平。但主辦單位最大，沒有人奈何得了他們。屏東是我的故鄉，所以當天特別請我父母接送。好勝心超強的我，得知比賽的結果是如此，怒火中燒。父母當然知道我的牛脾氣，所以吃晚餐時，K真是極度尷尬，不斷地開話題聊天，緩和我的情緒。因為原本的劇本是我們會得第一名，接著吃晚餐慶祝，天曉得拿了項羞辱人的第三名。我與K最大的不同就是，她非常地看得開。

直到大學畢業後，我跟她開玩笑：「撒旦贏了耶！怎麼辦？全班第一名我拿下了！」

原本想說，畢業後，就此分道揚鑣。然而，我們又選了同一所中學實習服務，再度糾葛半年。同樣地，基於天使與撒旦的好勝心，我們與一位主任共同指導學生比賽，最後拿下了全國第二名，教學實習的過程中，我們都表現不錯。但這也引爆我們吵架長達半年之久的原因，教學績優獎。

礙於行政規定，我們兩位，只能有一位參加報名。但其實在規定下達之前，我們倆都已經在準備。當時我在服兵役，無法即時有手機，取得重要的聯繫事項。在某個週末，她深知我絕對不會讓步，最後她犧牲自己，讓我去報名了。

此次撒旦與天使的戰役，天使成全了撒旦。我最後得了全國第三名。這也是天使之所以為天使的最佳事證。

從獲獎的那一刻起，天使與撒旦不再連絡。直到我出國前，K開啟了話題，祝我一切順利。然後，才慢慢修復起這段關係，直到我回國。

其實我很感謝K一直在我的生命中，即便我們如此地會吵架，即便我們是一生的宿敵。我們認彼此為敵人的行為，總是在寫信給對方的信尾署名「Your Lord, …」、「Your Majesty, …」清楚可見。但卻是想要彼此最好的敵人。

一年後要出國的她，老是向我嚷嚷著，她想去凍卵的念頭，無奈苦笑地跟我說：「**如果人生峰迴路轉，我跟你在一起，我真的……**」。「**改信撒旦**」我立刻幫身為教徒的她補上這四個字。

我想說的是，我們是敵人，同時也總是支持彼此向上目標的人。我們會一起批判有問題的當代社會事件，但她卻不容許我的憤世嫉俗凌駕於她的璞玉渾金。在這同時，我也不斷地警告她，不要把妳的善良用在不對的人身上。她過於慈眉善目、不會拒絕他人，導致成為狗屁倒灶眾事的吸引器。我們投射出對方的缺點。出了社會，我不那麼忿忿不平了；她也會隔絕她的和善，拒怪人於門外。

我們總稱彼此為敵人，但卻不嫉妒彼此的成就。反倒是，給彼此多點建設性的建議及談話。就像我為未來感到堪憂時，K不顧自己後天的人生大考，為我開講人生課程一小時。

「你永遠比你想的還要多！」身為宿敵，我們彼此鼓勵。在前行的路上，不論我們事先預知或是在途中，體認自身的不足、對未來的無望、面臨他人的冷嘲熱諷，亦或是心魔所致的心態動搖，我們總是欲求把對方推到更高處。

宿敵最後得到了共識：有一點謙卑，有一些勇氣；得當的思考判斷，保護自己，免於因自己多餘的憐憫和同情，而使平靜生活慘遭他人的入侵。

人生中，找不到隨時可能會背叛你的兄弟／閨蜜，不如找位一輩子可以正面迎擊對戰的敵人吧！

因為生命中的宿敵，永遠期望你最好！

Chapter 4

人生的下一站，
漂向何方？

將近一年多的旅英時光，也抓緊機會踏訪歐陸諸國。
旅行難免迷路，人生也難免迷茫，而旅行的功課，就
是找到自己人生的GPS。

1 | 為你的人生勇敢梭哈了嗎？我還沒

前陣子抓住冬季的尾巴，走訪挪威。不是綠葉翩翩的小葉橄欖，映入眼簾的是只剩枝幹的樹木矗立於冰雪大世界中，對於鮮少見過雪的屏東人來說，我無法抗拒雪的吸引力。

不知道是週日的奧斯陸沒人上街，抑或是冬季的挪威不是觀光潮。維格蘭雕塑公園（Vigeland Park）除了穿著短袖運動服的當地人帶著他們的狗在雪地中慢跑，始終沒見幾個人影。不過這樣也好，能讓生於亞熱帶的我，沉醉於雪白孤寂中。

隨之而來的是，這座公園的經典地標生命之柱（Monolitten）。生命之柱是雕刻家維格蘭的大作，56英尺的石柱刻劃了人的一生，從嬰兒到骷髏——生到死——一趟輪迴。

佇立於石柱周圍，我的人生似乎也爬到了生命之柱的四分之一。

人是很矛盾的生物。小時候迫不及待想要趕快長大。國中時，恨不得盡快成為高中生；高中時期盤算著該往哪個縣市、就讀哪所大學，倒數著放榜的日子；上了大學倒數著畢業的日子。出了社會後，倒數放假的日子，倒數出遊的日子，倒數自己、家人與情人的生日，甚至是紀念日。然而，此時此刻，才希望時間慢一點，不想那麼快長大，或是直白地說，不想老得那麼快。時間不斷地往前，我們不斷地追趕，是忙追、盲追還是茫追？不管怎麼追，生命之柱告訴我們就是不能倒退著追。

　　一則短片上演祖孫倆討論著22K，但卻不是熟悉的薪水22K，而是人生剩下來的22K。你有想過，我們的人生已開始倒數了嗎？大學畢業生23歲，假設能活到85歲，一年365天乘以62年，現在起倒數22630天。扣除睡覺、吃飯、通勤……剩下將近22K的日子。與其害怕領22K，不如好好思考在剩下不到22k天的日子裡，該為自己做些什麼。

　　在這個被時間追著跑的人生，要努力讓每個時刻成為不平凡的時刻。談到時間，不禁要思考我們該如何規劃自己的人生。「年齡」及「階段性」的任務，似乎是華人社會下的產物，也是我們焦慮所在。逢年過節時，高中畢業，親戚好友問你大學讀哪、念什麼系、賺不賺錢；大學畢業，問你在哪工作、賺多少錢、有沒有女朋友；研究所時，問你什麼時候畢業、找到工作沒；工作幾年後，問你什麼時候結婚、多久後生小孩、買房置產了嗎。諸如此類，一連串的有壓力關心，是否讓你回想起農曆過年的噩夢？

　　這樣的焦慮根源自傳統的儒家思想，「三十而立，四十而不惑，五十而知天命，六十而耳順，七十而從心所欲，不踰矩」。年齡的限制就在華人文化裡緊緊紮根——女性三十歲前若不結婚，就是剩女；男人三十歲必須擁有一份穩定工作，否則就是不務正業。大學畢業後要乖乖去找工作，出國旅遊就是心不定，打工度假就是當台勞。四五十歲最好要有房子，人生要定下來，有個好對象牽手走一輩子。

　　我目前的人生，也看似在依照這樣年齡線性發展。看著在倫敦念書時，身旁的研究所同學，有一位50幾歲的英國奶奶跟我一起上語言測驗評量，有時候會不禁會想，50歲的我，還會再回到學校攻讀學位嗎？人生能不能有其他選項？不，人生應該不是選擇題，而

是自己的申論題才對。邀請正在讀這篇的你，回頭看看自己先前人生的答案卷，是否都被選項侷限了。

在所謂的年齡及階段性任務的氛圍下成長，突然發現，自己其實在很多無形的框架中達成任務。住家與大學，一南一北，每次往返必備一只小行李箱。從大一裝滿了高中的稚嫩與對外文系的夢想，日漸沉重，到大四裝載著大眾對社會新鮮人的沉重期待。最後，換了個更大的行李箱，規矩地選了一條社會認可的道路，年紀輕輕趕緊喝碗洋墨水，成為旁人眼中的海歸派。

確實，我毫無勇氣像西方學生那樣高中大學畢業，直接來個 Gap Year **註**，開始一趟屬於自己的壯遊，背上背包，一邊打工賺取旅費，一邊在五大洲七大洋間漂泊。

寫了這篇，並不是後悔自己過去所做的一切，我對於截至目前為止的人生規劃感到滿意。應該是說透過這篇，讓我跟過去的自己對話，同時告訴未來的自己，如何在人生的答案卷上暢所欲言。

仰望著生命之柱，心想：倘若澳洲政府沒有更改法規，我考慮能在30歲前買張前往澳洲的機票當一年的「台勞」。或許還能搏得一欄「留英歸國後，未來飄渺流浪到澳洲」的新聞版面。

▲ 生命之柱，生命狂想曲，由你解釋生命的意義。

註 空檔年，一般常見於歐美青少年在升大學前，騰出一年的時間從事自己有
興趣的活動，例如，旅行、義工服務、工作假期計劃等。

2 | 獨處於薄霧籠罩的倫敦

　　邁入2019年的跨年之夜，我並沒有在泰晤士河岸，與狂歡的眾人們一起揮舞大喊「Five, four, three, two, one! Happy New Year!」後，觀賞以倫敦眼為中心、在倫敦黑夜中魅力四射的新年煙火；身旁不是台灣的家人、朋友，身處的也不是熟悉的土地。在以灰冷為代表色的倫敦夜裡，我享受著清閒，沉澱了許多。長時間在空中飛行的大學友人告訴我：「**在國外要學會與自己相處。**」

　　與台北一樣，倫敦是座雨都，更是一座霧都。陰暗灰濛的薄霧時常籠罩著這座城市，吐出一縷淒涼的氣息。冬日裡，拖著疲憊的身軀從圖書館回宿舍的路途上，滿腦子還在思考著作業的內容，此時，這種抑鬱的感覺更加強烈了。但隻身在異地，似乎沒有訴說的對象。

　　家人希望你好好的，所以每每通電話時，即便卡關了還是只能向他們說：「**嗯……論文快寫完了……差不多了。**」朋友總是覺得去國外讀書就是開心玩一年，所以每當聯絡時，鮮少有人關心課業狀況：「**哇！你又跑去歐洲了啊，看起來就很好混啊，學歷很好洗吧！**」

　　不，根本不是如此。步伐慢了，不知道是書包裡頭的沉重還是心頭上的沉重，導致腳步抬不高。獨自一人站在十字路口等待過馬路時，一瞥對街交通信號燈裡獨自步行的小綠人，猶如自己孤獨的化身。彈指間，對街的小綠人停了下來，此時我向的燈號亮起，我快步地與人群並肩同行，在逼逼作響的信號聲響中銷聲匿跡。獨自

一人並不可怕，可怕的是，無助時獨自一人。

從大學起，開始北漂流浪，從西南到西北，我自以為習慣了這種一個人在外的生活，所以在離開台灣去英國前，我一點也不擔心這種獨處感，瀟灑地西飄到歐洲。在抵達倫敦的頭幾週，我突然覺得自己處理不了孤獨了。

即使在台灣念大學時已長年不在家人身旁，加上工作關係，跟友人也是久久見上一回，但談到獨自一人在倫敦時，仍覺得信號燈裡閃爍的小人再適合比擬不過了。先前，我不需要處理獨自一人的時光，正因繁忙的生活中，我享受自己獨處的時刻。然而，此刻我對這種空白感到害怕，害怕起這樣的未知與過於完整的自由。畢竟，尚未適應新環境前，實在難以習慣什麼都要自己一個人。除此之外，很多事處理起來也不如台灣方便。

想念家的種種——家人、老朋友、同學、美食、工作、熟悉的生活模式，以及那樣的舒適圈。對於我來說，「想家」這兩個字指的不單單是想念家人、家庭這樣的狹隘定義，而是，想念在台灣習慣的一切，加上出國讀書大家都以為你光鮮亮麗的，所以自己更不敢抱怨或抒發情緒。想家，這個兩個字，似乎在自己的成長及旅英留學的歷程中質變了。

身旁的親戚友人，總是看到留學生在外的吃喝玩樂，所有人的目光都放在你假期爽爽玩的旅程，卻永遠無法體會在吃喝玩樂背後，我們要背負多少課業、經濟及生活壓力。我自己是作業拿到A後，才敢看看預算，買了張廉價航空的機票、訂了間什麼都沒有附贈的青年旅館，來趟窮遊歐洲。

「你們這種出國讀書的就是家裡有錢，出國爽爽念、爽爽玩個幾年，回來就高人一等，真好！」

我想對台灣特有種酸民們說的是，出國讀書並不一定是家裡有錢，殊不知多少人是一點一滴自己拚搏來的，或是貸款貸出來的。而我是靠著大學的獎學金、當補教老師、偶而有兼職的業餘筆譯，再加上不孝地借用父母的養老金，東拼西湊來的。

此外，出國絕對不是爽爽念，很多東西用母語都念不好了，不論英語或第二外語程度再怎麼優異，也是要承受上課可能會聽不懂、無法融入專題討論、作業寫不出來的情形。這些都難以有人能夠體會。有時候坐在電腦前，敲敲打打一整天，只有500字，最後能用的可能還只有一半——原本自信爆棚的英文，來到倫敦開始做研究後，才發現自己還有如地球與月球般巨大的進步空間。關於英文能力的提升，不管是在英國、美國，或其他英語系國家，出國留學無論是一年還兩年，甚至是博士的三到五年，我想各位留學生都會認定，在英語國家求學並不會為英語能力帶來多大的效益。英語程度的提升，還是得完完全全靠自己的雙眼、雙耳、雙手還有敢開口的一張嘴，不要再癡心妄想去了趟英語系國家語言能力就會突飛猛進。

每個人到國外求學的目的截然不同，當然收穫也會不一樣。對我來說，除了取得學術知識增長及結交外國朋友拓展人際網路外，當然最重要的莫過於是學校學位的頭銜。不敢說我拿英國碩士學位就擁有精深的領域知識，為期一年的課程不管是多麼密集高強度，還是填補不了我欠缺專業或是訓練不足的實際情況。因此，喝了洋墨水，拿了個國外碩士，相信我，絕對不會有什麼高人一等的外掛出現，只能說想太多。

　　回到灰濛城市裡的孤獨感。即便科技網路如此發達，通訊軟體始終因為時差而「累隔（lag）」。當我想分享課堂的言論被教授讚賞、論文想法卡關、跟印度室友在廚房對槓等各種生活瑣事時，台灣升起的太陽總對應著英國高掛的月亮。這樣的時差與孤獨，在深夜裡偷偷摸摸地綁架我的理性和勇氣。想起大學時期的我，熱衷參與各種熱鬧的場合及活動，一有空閒時間可能就會想找朋友們——不論熟識與否——來場聚會，談笑風生。

　　這段適應期的經歷及時日，其實並沒有持續太久甚是悲傷慘烈。雖然地緣關係阻擋了我依賴家鄉的氣味，但同時，在倫敦，隨著生活型態的改變及年齡的增長，我越來越能掌控獨自的時光。養成了閱讀在地鐵站外發送的當地晚報的習慣，還三不五時從住所慢跑去櫻草花山（Primrose Hill），運動之餘也欣賞倫敦的天際線。找到了屬於自己的文化融合、語言及漸漸習慣的味道，最後贖回了在孤獨裡呼吸的自由，並在獨處的過程中，找到另一種認識自己的方法。

　　漸漸地，即便在被萬字報告所淹沒的期間，我在薄霧籠罩的倫敦，仍找到了自己的模式，找到了在圖書館趕作業的專屬角落。就算再忙，還是喜歡到圖書館附近的公園，看著躺在草地上的人們，享受與他們共享同一片天空的愜意。

　　人們都忘了獨處這項能力，遠比社會交際的能力來得重要。不一定要讓自己獨處，但卻得培養在獨處時，自己正常運作的能力，因為獨處的時候，我們會知道人生很多的選擇權是掌握在自己手裡。我再也不是隨著逼逼聲響銷聲匿跡的信號燈小綠人，而是在這座城市裡昂首闊步的Londoner。

　　秋季學期過去了，我還是笨拙地學習如何講出一口英國口音。我曾短暫地討厭孤寂的感覺，而我現在發現獨處的魅力。

3 | 人生就如同一本未完的論文

　　人生的過程就像寫論文一樣。從第一章緒論，到最終章結論，每個人有不同的人生規劃。要撰寫一篇論文，學者要根據想探討的研究問題，訂定專屬的研究方法，接著執行，呈現結果，討論差異、回答問題，做出理當讀的結論。

　　這樣的過程似乎就跟我們的人生如出一轍。倒是人生可能就是同時在走好幾趟的論文旅程，同時需要回答好幾個問題，需要用不同的方法解決。

　　美國詩人布考斯基（Charles Bukowski）說過一句很有趣的論述：「**知識分子會將簡單的事情複雜化；相反地，藝術家則是將複雜的事情簡單化。**」

　　人終其一生，我們是把人生過得太複雜，還是太簡單呢？

　　要念什麼學校？未來的志願是？該出國打工度假嗎？幾歲要結婚？對象是誰？這一道道人生轉捩點上的疑問，就好像是論文裡的研究問題。

　　當然做研究之前需要找到指導教授，是爸媽，是中小學老師，是自己，是朋友。撰寫人生這本論文時，指導教授不一定要有博士學位，也不一定只有一位指導教授。人生的論文勢必會受到許多人的共同指導，有些幫你開了條明路；有些則如失靈的GPS帶你繞了一圈冤枉路。但其實，寫過論文的人都知道，最終的成果還是看自己，指導教授頂多只是給你方向，他們並不會給你是或不是的武斷標準答案，反而會拋出更多的問題協助研究生更縝密地思考。

　　人生亦是如此，要自己回答那道人生問題，就像我一樣。要不要繼續做學術研究？要不要繼續念博士？這些都還正在文獻探討中。

　　有些人的研究問題放在緒論之後；有些人則放在文獻探討之後，這並不是多大的爭論點。重要的是，研究的過程中，我們藉著閱讀別人的研究成果，找到可以效法之處，發現研究的缺口，從而改進。梳理整合相關的概念，發展出自己的思路。文獻有新有舊，有些文獻還有時效性。1900年代的研究，直至今日已被推翻，或是有更好的研究答案。

　　在人生的研究路程中，旁人的經驗、讀過的書籍等，都成為我們重要的文獻。指導教授說，寫論文時可以找到幾篇著作當成自己的重要參考文獻（key paper）。高中要升大學，要讀什麼科系，當然就要找到正在念該科系的學長姊請益；大學畢業後，要找工作，我們會找正在業界領域工作的友人或親戚打探消息。這些人會成為我們的重要文獻。然而，文獻的品質各有千秋，有優有劣。此時，我們對於資訊判斷的能力就成為決定性因素了。若不幸引用了一篇劣質期刊，整份研究結果勢必會受影響。

　　參考完文獻後，我們必須開始著手訂定自己的研究方法，簡言之，就是要如何回答研究問題的步驟及過程。寫論文的過程中，表面上看起來是有先後順序的發展，相當有階段性。不過，在我們最後交出論文的那一刻前，可能都還會持續做文獻回顧，不停地修改。在我們打聽到打工度假資訊情報時，可能發現自己不是那麼適合，又會折回去修改，取消打工度假的念頭或是延緩出發日期。

　　研究方法堪稱是一份論文別具分量的一章節。通常我們會分成量化（quantitative）研究方法及質化（qualitative）研究方法。針

對不同的研究問題，研究人員會找到最適切的方法去回答或證明。有時候只需要用數字就能解釋；有時候需要觀察、訪談等質性的資料，當然比較複雜的問題，就必須兩種方法雙管齊下。

　　日常生活到人生規劃中，充斥著許多任務與決定。在我們決定起身行動前，我認為可以參照寫論文的方式，分析任務及計畫的最佳方法就是確定它們是需要量化還是質化。量化的計畫，不會做得好，也不會做得差。這樣的結果就是數字，數字就是證據，數字會說話。在情境一裡可能這數據能完美呈現，而在情境二，數據可能就無法體現。舉個最貼近我們生活的例子，申請學校的分數，達到學校A的標準，而並沒有達到學校B的門檻。

　　不過，沒有關係，不要就此失望。就像做研究一樣，量化結果不夠漂亮，就會輔以質化結果加以解釋分析。相較於量化研究方法，質性的任務，會需要更多的思考空間，且通常會花費更長的時間。簡單來說，量化是線性的，有了數字，對照問題，回答是或不是；質化是螺旋的，其中所有的事物環環相扣，並增加了對話的空間。

　　質性任務，可以做得非常好。當然，非常糟糕的例子也比比皆是。做得好，可以加以解釋數字所顯現的缺失。就像申請工作職位一樣，第一階段的門檻是80～100分，在第二階段，80分的申請者，如何在面試中表現，以消弭自身量化數據上的缺失。可以是人生經驗的豐富、對於失敗的認知、良好的應答、具備說出打動人心的故事等諸如此類的質化技能。

　　面對人生各種選擇及計畫時，可以列出清單，將所有的任務劃分成量性、質性、混合型三種類型。接著，按照事情的輕重緩急，分配適當的時間來解決它們。最後，應該會發現，多數的待答問題，都屬於混合型的任務，這是因為很多機會，人生就這麼一次，我們不可能把籌碼都賭在同一種方法。

　　在選擇處理及回答方式時，往往也與個人的人格特質及生活的節奏息息相關。有些人喜歡在週一一早或是週五深夜，處理大量的爆炸資訊，接著清爽地度過剩下的週間時光。不過，不管是怎麼樣類型的任務及行程，都需要仔細端詳計畫，不要在最後一刻被瑣事破壞。

完成了計畫，漸漸地，論文來到了討論與結論的尾聲。這就是我們會給予後輩的經驗分享。這時你可能已經是該領域的佼佼者、領頭羊。哪些部分是你的亮點，是值得眾人學習之處；另一部分則是有疏失之處，對後輩耳提面命，不要犯了當年類似的過錯。像到現在，最常聽到的自我檢討及建議就是，如果我當年更努力一點，就會……。當然，後人會不會採納為他們論文的一部分，又是另一件事。

　　在真正的論文寫作過程中，或是人生這本論文的編排中，最基本的要素並不是個人功力有多麼深厚，而是對一件事情的熱情與執著。寫學術論文與追求人生的目標夢想，很多時候都需要長期抗戰，所以，人們對於自己眼皮下正在做的事，有沒有熱情為成敗的一大關鍵。

　　這樣的熱情來自於不間斷的好奇心，隨時留意有趣的事物。寫論文是這樣，過人生也是如此。畢竟我們思考得越多，會讓自己在正確時間處於正確位置的可能性越大。

　　對了，寫論文還要在最後附上參考文獻。正因我們對於人生的熱情，對於事物的好奇，讓我們不斷探索，不斷尋找各式各樣的可能性與答案。在這過程中，我們最好要勤奮地記錄所有的文獻。熱情加上好奇心及保存過程所有的一切，會是一套強而有力的組合。以時下用語說明就是，最強Combo。

　　人生的論文——人們探索一切，記錄一切，而與學術論文的不同是，人們會永遠、永遠不斷地修改自己的人生論文，直到寫完致謝（墓誌銘）的那一刻。

4 ｜ 海市蜃樓般的完美

「剛好是我有興趣的科系，再加上離家裡很近，我就選這間大學了！」荷蘭朋友繼續說，「**我們似乎沒有在看大學排名。**」

我用充滿疑惑的眼神看著她。

在某一次出行的火車上，我隨意地與荷蘭朋友話南北。我們彼此分享著大學所學的專業，不經意地我透露出在台灣求學時，對於一開始上大學的心情十分沮喪且自卑的原因是，我上了一所大家眼中看起來一般般的私立大學。接著，我繼續向她說，自己選研究所時也把學校排名納入了考量。我承認當時選擇研究所時，學校及系所排名的確在抉擇時佔據了相當大的比例，因為我想要變得更加完美，不受到他人的挑剔。

她覺得我很荒謬，我也覺得她很荒謬。

「**我只是因為大學時來UCL當交換學生。從那刻起，我愛上倫敦，才以我們的學校為研究所修讀的選擇。**」荷蘭朋友說著。

「**要不然我的背景，我也可以選劍橋啊！但我不想去！**」

覺得她在炫耀的同時，我更是覺得她瘋了，為什麼有劍橋不去？她也覺得我瘋了，竟然拿學校排名當作選校的考量因素之一。不過，當我向她解釋台灣特殊的社會評判標準及怪象之後，她似乎能懂我的荒謬內心。

在這之後，我不禁開始反思自己過去及當下的價值觀，開始懷疑是不是求學環境造就我病態的思維。國中是在「二段」的資優班；高中待了一年的普通班後，「爬進」了社會組自強班；大學上了一所不是外界認為那麼資優的學校。或許，成長背景或個性也有了點關係。逐漸地，我追求完美，我不想輸，這樣的生活型態在大學求學時期，完全達到顛峰。

對於追求完美這件事，現在的我似乎是，也似乎不是。在英國待了一年，到回台後，這樣的銳氣，有慢慢降低的趨勢。

這麼說好了，英國碩士的第三學期，基本上是沒有正式課程的，多半的時間都是與學位論文拚搏、與指導教授見面討論。由此可見，這本論文的地位是如此地尊爵。論文分數會影響學位也會影響未來繼續升學的道路。

我相當看重也非常在意這份論文，戰戰兢兢處理有關論文的每件事。就在一次與指導教授見面時，我問她：「**怎麼做可以把我的論文寫得很完美？**」

「**不用在意它是否完美，它就是一本學位論文，而且等到你像我這樣時，回頭看，我現在覺得自己的論文根本是一疊廢紙……。**」

當然，我知道教授並不是要我以敷衍的心態應付論文就好了。而是，我在意追求的東西是什麼？是進步，不是最終的完美無缺。「**沒有什麼是完美的，即便是博士論文，我也是不斷地來回修改好多次，才順利投稿期刊。**」她這樣告訴我。

當時，我還半信半疑。

　　直到最後，我收到畢業成績及所授予的學位獎項時，才突然頓悟，與其在意完美，不如追求進步。即便最後得到優等畢業的獎項，但我的論文成績不如自己預期的好，我真的難過很久。加上就在回國前收到投稿某國際期刊被退件的消息、回國後求職之路不如預期等波折，一一打擊著我。我所努力追求完美的一切，竟如此地不堪一擊。

　　這樣的壞事連連，無一不讓我感受到，我所追求的完美宇宙似乎要崩毀了。其實，並不是完美世界的毀滅，而是，「完美」這件事就如同海市蜃樓般的存在。當下看似完美，事後呢？我們所身處的時代是以無法想像的速度向前邁進的，當完成一件事情時，或許成果堪稱完美無缺，但每當我要緊握這項完美時，它卻從指縫中溜走。

　　追求完美需要明確的目的、計畫、流程，但卻永遠掌握不了完美。因為它正是虛幻的景象，這樣的虛幻來自於多數外在的因素及「自身的進步」。前些時日，求職的過程中，我重新整理大學至研究所畢業後的種種資料。看見自己大一時所寫的英文作文，英國指導教授的話立刻從我腦門竄出：「**回頭看時，根本是一疊廢紙。**」是！我認真把那篇大學時自認為佳作的作文讀了一遍，現在看來根本配不上修課老師所給的分數，也稱不上完美。如此這般程度的東西大概可以拿出來張貼，並註解「奇文共賞」。

　　作文老師依照當時的狀況、表現，給予我當下完美的認可，但是六、七年過了，憑藉本身的進步，理所當然，這已經不是完美的標準了。這就是為什麼完美這件事就宛如海市蜃樓般的存在，虛幻飄渺，因為完美是片刻的，不是永久的。當完美從眼中消逝時，不是自己不夠好，而我們應當感到欣慰，是「進步」讓我們體認到那已不再是最好的一切。

生活中，我當然可以繼續追求完美，然而在這同時，我會將重心轉移至檢視進步。老實說，若是長久以來持續認為自己完美無缺，這是件可怕的事。有進步才會發現過去的不完美。

　　寫到這裡，頓時想起：讀高中時我算是男校之中，文筆還不錯的學生，曾獲得校內外獎項。在一次報名文學獎時，我問了班上的國文老師也是指導我作文的老師，如何讓這篇稿件改到最好再拿去參賽？**「不會有滿分的作文，就像人生，不會有100分的人生。」**我得到老師這樣的回覆。

　　沒想到從高中到碩士班，甚至是人生，我汲汲營營所追求的「完美」、「最好」，早在高中時就已受到開導，只是生性駑鈍，到研究所撰寫論文期間仍然執迷不悟，直到整理過往自認為的豐功偉業時，才茅塞頓開。

　　原來，不管學業或是人生，當我闊步前行時，便離完美越來越遠。所有的完美事物，實際上就是一項事實，改變不了。唯有我們自身的程度提升、心境向上成長後，體認到將過去成就的完美擺在當時，畢竟我們是會向前邁進的，而回頭的同時，正是海市蜃樓褪去的那一刻。

　　追求進步，而不是緊攥永久的完美；盡力而為，挑戰各階段的進步幅度。

5 ｜「他X的不公平」對人生怒吼後的下一步

　　曾有人說過能出國讀書，不論是學士、碩士或是博士，就憑兩件事：一是財力，二是毅力。

　　第一點財力，我想就不多贅述了，有錢就可以直接出去，不用為錢煩惱。第二點毅力，這就包山包海了。可以是準備留學考試的毅力；申請留學獎學金的毅力；想盡辦法找到金源或是拼命地存錢好讓自己可以出國的毅力等。

　　有些人先天條件充足，就如俗話所說，「投對胎」，或是套句在英國讀書時，中國朋友與我分享的俗諺「家裡有礦」。這些人說實在的很幸福，他們不需要把毅力分給財源的選項，他們可能只需要把毅力全部投入於準備留學考試。相較之下，對於多數人來說，我們都必須分散毅力至諸多細項中。

　　舉個明確的例子好了。曾有位認識的老師申請上了美國名校，美國最優秀的教育學院——哥倫比亞大學（Teachers College, Columbia University）。然而，卻礙於財力不足，而放棄了這所學校的入學權。再等一年，轉戰申請其他學校。另一方面，我曾在一所私立名校待過，裡面的學生，完全沒有財力上的考量，反正就是好好準備留學考試及申請，如願申請上了國外大學，舉家歡欣鼓舞，直接送孩子出國，一點也不用煩惱。

　　你說人生公平嗎？不，人生一點也不公平。他X的不公平。

　　其實，我也很欣羨，沒有經濟壓力可以直接毫無顧慮地飛去國外攻讀學位的人，正是因為念博士這項規劃，就放在我的人生清單

裡。然而，何時施行，並不取決於我的留學考試成績、我的學術研究專業、我的英語成就表現，反倒是我的財力，以及我分給賺錢、存錢這部分的毅力。

在短短的教學生涯中，我遇見的學生性質差異許多。從知名品牌執行長的孩子、住在天母豪宅裡願意花一小時數千元請我家教的高中生、家裡經濟小康且認真向學的學生，到家庭功能失衡被逼迫來上補救教學的「準」中輟生。

有位教師前輩，曾在私人的社群分享個案。簡言之，富商的孩子在台灣讀不下去後，直接被父母送到歐洲念書。事後，我們就小聊出一番結論，有些人的成功並不是多麼努力，而是父母的財力。當今社會，已經不是個努力就會翻轉人生的世代了。或許會有，但……我們都不會是那萬分之一的幸運兒。

看著手上的這些學生，再看看自己。是啊，人生就是很不公平。那又能怎麼辦，抱怨無用。就像我時常向朋友們自嘲，就算每天哀哀叫，也不會從天上掉下來五百萬，讓我無後顧之憂地去念博士，還是好好賺錢比較實在。

教書一段日子以來，我便發現，有些學生的頻率跟我很合。因不同的對象，我便會向他們說不同的話。我對不用為財力煩惱的學生說，你們父母有足夠的金源，讓你們讀書不用為錢煩惱，就該好好珍惜及利用，畢竟這就是你上輩子積了很多陰德，使得這輩子有這項先天優勢。你們已經贏別人很大一截了，若你們夠懂事，應該要靠著這些資源更上一層樓，但同時，也要保持自己的良善。

另一方面，有時候看著那些來上補救教學的學生，每每與我抬槓閒聊時都很興奮，但每當我要講正課時，就走神、睡覺、滑手

機的他們。有一次，我還真的看不下去，停下手上的課程，語重心長地跟他們分享上述的內心想法。我問他們：「**你們覺得人生公平嗎？**」每個人都瘋狂地搖頭。

「對，我也覺得人生不公平！」

「人生很不公平，所以我很努力為自己的人生做些什麼，到現在，也僅止如此而已，就是站在你們面前當位沒有名分的老師。」

「努力不保證成功，通常是要努力很久，失敗100次之後，才勉強會小有成果。我是個很努力的人，才這樣而已。那你們呢？家裡沒有強大的資源支持你，你自己又不努力，那以後想怎樣？當一灘爛泥嗎？」

講完之後，學生似乎聽了進去。從那刻起到當天課程結束，我看了充滿希望的雪亮眼神。

然而，好景不常。這群學生，回家打了一整夜的手機遊戲《傳說對決》，隔天來上課時，又是一副吊兒郎當的樣子。我的愛有限，再也不停下來與他們談人生了，就此好好上完暑期的補救課程。

是啊，我們都認了，人生的確不公平。但可以一步步地慢慢改變，也可以選擇像這群學生一樣兩手一攤。

寫到這裡突然想到，我到德國蒂賓根從事暑期英語教學研究訓練時，蒂賓根大學安排我住在一棟青年旅舍中。每天早晨，都有一群看似中學生的小夥子在旅社的戶外平台吹奏樂器，練習合奏。數日之後，趨於好奇心，我便向他們開口詢問，你們暑期在這邊練習

團體表演，是有什麼活動嗎？

「我們每天早上練習完後，就會在這個區域的周邊城市，街頭演奏賺取一些收入，因為我們要有足夠的報名費，才能報名年底的比賽，得獎後，才會有人邀請我們去『表演』！」

這群才國小畢業的孩子，看起來真的很超齡，不跟他們聊天，我還以為他們是高中生。他們不僅看起來很超齡，心智年齡也是真正的超齡。我打從心底佩服他們找尋金源（報名費）的毅力，徹底地身體力行，靠自己打拼。讓我回到12、13歲的年紀，我絕對做不到。

這群孩子，走在實踐的路途上，慢慢地完成自己目標。反觀台灣，我又要開起一個政治不正確的話題了。看了許多相關報導，發現大家都喜歡先給孩子們一塊很美卻吃不到的大餅。

幾乎每年，都會有XX學校的某某隊伍要出國比賽，或是有時候根本就不是比賽，僅是參訪、表演而已。隨之而來，熟悉的報導模式就會出現，XX學校經費不足，學生們都來自經濟弱勢的家庭，但是我們學校很想給他們出國看看的機會，能否請各方善心人士捐款，展開一連串的愛心募款活動。

讓學生出國看看立意確實良好。但為什麼明明做不到的事，還要對學生畫一片很美的藍圖，然後再說，我們經費不足，大家一起來募款……。

這順序有點問題吧！並不是先拋出一個出國夢——而且還是做不到的出國夢——再來想辦法；正確的順序應該是已經走在計畫出國的這條路上，真的遇到困難時再向外界求援。就像那群德國小孩一樣，即便他們也還沒向外界求援。

　　我問德國小孩們：「**如果你們街頭賣藝的錢不夠多，不能報名參賽，怎麼辦？**」

　　「**那就再賣一年啊！隔年再參賽就好！**」全部人異口同聲。

　　而台灣的風氣呢？好像一有機會可以出國，就好像一定要出去，搞得全世界的人都要來憐憫你、幫助你；如果沒有，就是全宇宙對不起你──自身能力不足，為什麼硬要出去？這樣說來，我認識的那位申請哥倫比亞大學，卻因財力問題沒有去圓夢的老師，是不是也要舉辦個募款大會，讓大家幫助他？

　　並不是要說服大家不要捐錢給這些小孩，幫助他們。而是，我們應當體認到，諸如此類的募款，只要配上「偏鄉」、「經濟弱勢」、「學生」的標籤，通常就會順順利利募到需要的經費，開開心心地出國去。然而，把這些標籤拿掉之後，募款就會如此順利嗎？小孩不懂事就算了，大人還跟著胡鬧。更要不得的是，有些大人藉機吃一波豆腐，用著募來的經費一起出國，以帶領學生之美名，行觀光旅遊之實。

　　這些募款成功而順利出國的事件，乃出於社會大眾對這些標籤的同情心。我們必須讓孩子們知道，他們會順利出國參訪或比賽，是因為他們處與「特殊身分」、「特殊處境」，因而獲得大眾對於此一情境的愛心，並告訴他們這種小確幸在你們長大之後就不會有了！或是要教導他們，我們能力做不到的事情，就不要硬要做，把自己準備好了再來，而不是一味地奢求別人的幫助，因為天底下，沒有人有義務要幫助你做任何事，甚至是幫你圓夢。

　　倘若今天換個事件脈絡，我今天在街頭擺著自己設計的T恤、手作商品，掛上一塊招牌，「欲圓博士夢，懇請大眾募捐」。隔

天，我立刻上社會新聞，被社會大眾大肆批判一番。

　　人生一回，我們都有很多夢想要完成，但同時間，我們也必須體認自身現階段的能力不足。當然我們可以雙手一攤，這樣就算了；或是像那群在街頭賣藝的德國小孩為自己找尋其他的出路。

　　你我皆知，人生就是他X的不公平！然而，在「不估量自己的斤兩，永遠自怨自艾當一灘爛泥」與「有骨氣地開創翻轉那一點屬於自己的可能性」間往往只有一線之隔。

　　即使在這對青年族群不是太友善的社會，我依然選擇拼搏——過去是，現在也是，未來更是。因為當自己不在意自己時，我又奢望誰來關照我的處境？

6 ｜ 從米其林到巷弄美食

「你碰到我了，可以麻煩你過去一些嗎？」我是一個很厭惡別人碰到我的人，特別是在搭乘大眾交通運輸工具時。

身體上的感受是這樣，在人際互動上更是如此。身形矮小、貌似沒有攻擊性的我，對於不熟識的人們，總是不喜歡與他們有更進一步的談話，甚至帶有非常濃厚的保護色彩。正因如此，很多在街頭想要拉路人假填寫資料真推銷商品的工作人員，經常吃上了我的閉門羹。

下了人擠人的公車，想找間舒服的餐廳好好吃頓飯及為晚點的課程準備。一踏出公車門，走沒幾步，就發現有人尾隨我。受不了如此怪異的感覺，突然回頭，我盯著那位跟在後頭的小姐，四目相交，她不講話。兩秒鐘的時間，我觀察她身上的配備及樣貌，我知道她想推銷商品或奇奇怪怪的課程。

「想幹麼？」劃破沉默，我不客氣地這麼說。

「先生，你是上班……族嗎？」

「不是，離我遠一點，不要叫我填問卷也不要向我推銷商品。」她還沒完成問句之前，我講完這句話後，頭也不回地向前走。

事發之後，我在社群媒體上向朋友分享此事。部分的人覺得我太兇，覺得跟平常拿著麥克風在講台上跟學生有說有笑的形象相差甚遠──顯然地，這些朋友可能不夠認識私下的我。些許朋友紛紛說想向我學習這種果斷拒絕的能力──這群人，經常向我抱怨：

「最近我又被怪人纏上了，怎麼辦？」

「維持好自己的私人空間吧！」

　　一講到個人的獨有空間，就不得不提起十分講求人際距離的北歐國家。走訪瑞典，搭乘公車及地鐵時，即使是排隊隊伍，我發現人跟人之間站得仍相當有距離。後來，我在挪威一家咖啡店裡的繪本得到了答案：

> 「北歐人重視自己的個人空間，正因為他們會在此時此刻盡情地呼吸。北歐人會獨自上下班、抵達任何目的，而不是與人同行。這樣會有自己的時間及空間，也會讓他們的生活更有效率且更愜意。畢竟，不用與任何人交談。」

　　這就是我的生活模式，一種會被朋友調侃「再這樣下去你會沒朋友」的生活模式。或許是磁場，加上我散發著沒事不要來跟我講話的氛圍，我很少遇到大家所說的怪人。相較之下，有位朋友個性跟我差不多，做事模式也雷同，但她是位好好小姐，對各方的請求拜託總是來者不拒。最後，自己的生活永遠被他人之事填滿，焦頭爛額，換不到一句真誠的感謝。這位好好小姐，原本對只見過一兩次面、修同一堂課的人也會拔刀相助，日子久了，可能因為常常使自己不開心，加上我不斷地對她施行洗腦教育，她也開始向怪人說不，遠離怪人。

　　看起來我似乎很冷血，可我只不過是並非什麼人都幫，我會幫朋友，但就看是什麼朋友。「哎呀，我就想說跟每個人都好好的啊！」這是她當時最常跟我說的一句話。

　　但是，人生真的能做到這樣嗎？我並不是說要到處與人交惡或

是得罪他人，而是，不需要討好每個周圍的人。你需要的是，劃好自己的人際界線，保有私人空間。

從事正職的工作之外，我是一位兼職補教老師（出國前是，現在也是，不知道此書出版時還是不是）。身為一位補教老師，無非希望有很多堂課，有高朋滿座的學生，以及深受補習班主管、學生甚至是家長的愛戴。現今網紅世代下，補教老師的臉書動態總是充滿著有趣的現象，有些老師也漸漸地網紅化，開始在個人頁面上營造出明星受擁戴的模樣，像是收了各種學生的禮物、與學生拍出親密的照片。跟學生互動良好確實是教室互動重要的一環，不過在看似出色成功、亮麗的外表之下，教學的本質及為人師的師德又是如何呢？

那樣做其實並不會有多大的效果，換來的是在這「想要大家都要喜歡我」的壓力下逐漸失去個人空間的自己。其實，起初的我可能會想要得到各方人士的歡心，而卑躬屈膝地想迎合眾人的口味——除了認真教課外，要怎麼獲得學生的簇擁，這個想法困擾我多時。

原本以為出國念書後，回來可能不會走一樣的路，但還是兼了幾堂課。不過，此時的心境也相對不同，雖然偶而也會在意各方的評價，但對於這些種種似乎能看得比較雲淡風輕一些。有這樣的想法是在剛回國時，一位教授雅思的前輩老師幫我接風，席間受到她「我比較喜歡當巷弄美食」這句話的啟發。

風靡全球美食界的米其林排行榜，是有些旅客所追尋的旅遊目標；另一方面，有些人則喜歡尋覓口碑極佳，透過老主顧口耳相傳來的巷弄美食。在英國求學期間，有位友人從台灣來訪，利用聖誕假期，我們走訪了比利時。友人提議想吃吃看道地的比利時菜，做

足了功課，查了一家在布魯日的米其林餐廳。心想，既然友人都大老遠地從台灣來趟歐洲，對食物沒什麼特別奢求的我當然就答應他了，享用了人生中第一次的米其林晚餐。

但是，如今我卻也無法描繪這餐米其林的晚宴，所以成為米其林，或是追求米其林的意義在哪呢？

以往的我，有著想要成為米其林的目標，博得名氣，讓大家知道我很棒很優秀，因而急切地求取認同。在這樣的過程中，勢必得劃破我的人際界線，犧牲我的私人空間，帶起「人人好」的面具面對這世界，其實相當地疲累。要改變自己的風格以滿足不同學生的需求？要透過降低身價以得到各班系的支持？再優異的老師，還是會有批評的聲浪；再低的鐘點費，都還是有人會嫌貴。

事實上，真實運作的社會，不管個人多麼汲汲營營的對社會以禮相待，可以保證的，我們仍不會百分之百的受到青睞。

與其成為受到認證的米其林，我選擇成為「獨特」的巷弄美食，保有自己的風格。不用刻意迎合取悅他人，維持原有的自身價值，如此一來，能接受的人，自然就會聞風而來。

回台的時間點並不是開學，想說有份正職的工作外，也多增加些收入，同時我也喜歡與高中生互動抬槓，於是透過友人的引薦接了一段升學補習班的課。說也奇怪，在沒有對外招收學生的情況下，陸續地開始有人向我詢問能不能以家教的模式輔導英文寫作，或是已找好一批學生請我教授學術英文考試。而我並沒有馬上答應，開出我認為符合專業的鐘點費的同時，也附上一頁A4滿滿的上課「規矩」，對方同意後，我才會答應課程邀約。我想個人在外開課或當家教，因為沒有補習班的包袱，能以這樣獨特的行徑為所欲為，磁場相應的人就會循門而來了。

　　從追求米其林認證到立志當巷弄美食的店主，這心境上的轉變，讓我重新審視自我對授課的定義及要求。

　　這是成長嗎？也許是吧。隨著時間，體認到很多事情在生命某階段發生，都是有其目的。因著現階段的人生規劃，我並不會想要擁有米其林般的顧客期待，而是想在自己身上，多加一些對人際界線的明定、對生活的自我堅持，以及對未來的期待。過去仰賴「他人」口中的評價，凡事事必躬親的我，隨著人事時地物的改變及年齡的增長，加上自己對於理想生活的解碼後重組，產出了對於外在評論更灑脫、追尋更深層自我實現的新自我。

7 | 短暫失去目標，然後呢？

許多人經常問我，我讀的應用語言學（Applied Linguistics）是什麼。我原本認為這個科目好像大家都了解，但事實似乎不是如此。就連我父母，他們也以為我去英國學英文。其他領域外的朋友，聽聞應用語言學五個字，立刻反問我是不是會講很多語言。就連在英國入境時，海關也對這科系的名字感到疑惑。每每講出這個科系時，對方可能誤會我可以使用多種語言，不然就是假裝了解這科系，不過其實從表情中，就可以看出，對方心中「蛤？」的一聲。

藉此剛好有機會可以澄清一下，應用語言學本身並不是在學語言，而是針對語言本身及將其應用作科學或人文研究。為什麼說科學或人文的研究，因為這兩門學科涵蓋範圍極大，且橫跨其他學科的應用研究，包括語言習得、社會語言學、心理語言學、認知語言學、腦神經語言學等。而我在英國念書時的研究範疇就屬前兩項，語言習得、測驗評量及社會語言學的領域。

其次，第二個常見的問題是，為什麼要選擇英國念碩士，或是去英國讀書得到了什麼。起初，我都回答：「第一，我喜歡英國；第二，我想要專精某某方面的研究。」

然而，隨著日子走到了碩士的尾聲，甚至回台灣之後，當我問自己這些問題時，我發現，我答不出來了，或是說我的答案變了。

其實到英國讀書後，我並沒有厚植許多專業能力，或許有，但我自認為不夠。就如同上述所介紹的，應用語言學所的範圍極為廣

闊，即使是我自身擅長的領域，也下分了許多更專精的分支。我想說的是，碩士這一年，雖然有一張還不錯的成績單，但離專業的研究學者，還有好長一段路要走。畢竟，現在我所觸及的也只是皮毛罷了。

那在英國讀碩士的一年，到底得到了些什麼？什麼都沒有得到，只有迷失自己——把自己放到更大的地圖上，然後去尋找自己下一處落腳地。這片地圖，不僅限於世界地圖，可以是學術地圖、教學地圖，甚至是我自己的人生地圖。

花了一百多萬台幣，把自己弄得更迷失，值得嗎？嗯，我覺得很值得。因為這是場對未知的探險，畢竟我的人生功課就是要迎戰未知。

讀碩士之前，其實我的人生相當順遂，什麼事情都被我計畫得十分完整。這樣的程度，就連身旁的同儕友人，都對我精細的安排表示驚嘆。

各種短、中、長程目標——從大學到畢業，接著國家考試，服完兵役，搭上飛往日不落帝國的班機，這全部的一切，甚至是時間的節點，都被我完美計算。最後，順利達陣所有目標。

美好的劇本，似乎可以繼續往後寫。但正如我前面所說的，我把自己弄丟了。在所有目標都到手後的我，突然不知道下一步該怎麼辦了。

我開始啃起老本行——教書。感謝愛戴我的朋友在我還沒回台前就幫我引薦給升學補習班，讓我回台灣後，不至於露宿街頭。

我不禁開始思考，我喜歡教升學補習班嗎？要繼續做研究攻讀博士嗎？要轉戰其他教學機構嗎？各式各樣對自己的疑問，襲捲而

來，我被淹沒其中，對未來不確定的未知感受到的恐慌，如同細菌般蔓延至全身的細胞。

我突然失去了目標。發生什麼事，我也不清楚。

同時間，其實我也參加了許多工作面試。其中，有給了我錄取通知但我拒絕的，當然也有我想要但將我拒於門外的。說穿了，沒有緣分，又或許是我眼高手低，自以為拿了張英國名校的碩士畢業證書，就跩個二五八萬。

喝了洋墨水，學歷鍍金，並不會比較優秀──其實我很早就知道，有這樣的文憑，在重理科輕人文的台灣環境中，本來就不會有多大的影響。但人總是會有期待，接著再從期待中重重摔下，自舔傷口。人嘛，就是如此犯賤！

我自認為回國後的日子，並沒有過得如我想像中的順遂。我迷路了。出於死愛面子的個性，我其實不太喜歡跟別人討論很私人的事情。加上在所有大學同學中，我是第一位取得國外碩士後回國的人，根本沒有人有類似的經驗與我交流。

何謂迷路？我想是外界的壓力與自我認同難以得到平衡時。說不在意是自欺欺人。外人同儕朋友看我光鮮亮麗，想著我會有份好工作，月領高薪。但並沒有，汲汲營營的背後，藏著對自己的不安全感，急著為自己或替家人爭個出頭的機會。

我必須說，也必須承認，失去目標的感覺真的很差。因為在出國前，我的終極目標就是要申請上想要的學校系所，所以從大學起，體認到自己的不足後，拚了命補足，最後如願達成。到英國後，我的目標就是要認真生活、認真鑽研學術，一絲一毫的金錢學費都不要浪費。我參加學校各種額外的進修課程、專題演講、學術

寫作，就連外系的統計課程，都有我的身影，以期望自己在學海中能得到肯定。努力且如願地，此項目標也完成了。

但碩士畢業後的目標呢？我迷失了，而且是環環相扣的。我迷失在世界地圖裡。我要回台灣嗎？還是要留在英國？又或是動身前往其他國家？我迷失在學術地圖中。要繼續做研究嗎？要念博士嗎？在哪裡念？還是碩士對我來說就足夠了，就此打住？我迷失在教學地圖中。要回中學教書嗎？要在升學補習班嗎？轉戰教學領域呢？我在人生地圖裡也迷失了，暈頭轉向，轉不出這些問題的解答。

這時我痛恨自己，對別人的煩惱可以很理性直白、正中紅心地分析；相反地，自己卻深陷在人生地圖走丟的困境。

回英國前，朋友們最常問我的一句話：「**回台灣你要做什麼？**」我總是白目地回應：「**到處流浪！**」

我迷路了，還真的在流浪中，像極了在深夜中找不到出口的旅人。

好勝愛強的我，卻也需要抒發解惑。如同旅人需要北斗七星指引方向。

我有找到我人生中的幾顆星，使我不再那麼迷離。有三顆，我大學時期的恩師約翰、我一生的宿敵K、在升學補教界很照顧我的C。

從C說起好了，她就是首位幫助我，讓我回台初期不會餓肚子的友人。雖然她也在迷路中。她想出國讀書，但礙於種種考量，在森林裡走不出去。她與我兩位迷路的旅人，算是互相指引吧，有時

候互相自怨自艾一番。有時候我還會跟她開開玩笑，問她要不要一起準備留學考試，組個讀書會，跟我同一年出去。她立刻尖叫：「**不要！我明年就要走！**」

接下來是我一生的宿敵K，我真的是她的敵人。在她水深火熱地準備考試時，我瘋狂地對她哀喊。即便她無奈地回我「**先生，你有碩士學位，我還沒有。我怎麼會知道⋯⋯**」，卻也一同陪我分析我對未知的所有擔憂。同時，也逼我講出「**享受未知的過程**」，畢竟這句話是我自己告訴她的。

最後，約翰用一句「**你真的適合做研究**」，讓我到他研究室裡繼續學習，並不斷地開導我。雖然我自知根本還不夠格被稱為學者，但他時不時地鼓勵我，稱呼我為young scholar。約翰實為我學術地圖上最亮的一顆星，領我走出迷離的自我矛盾。

而我現在，對於長期的規劃仍處於很未知的情況。

　　但我也就此算了。現階段，我要完成現在這一兩年該做的事，那之後呢？

　　還不到30歲，現階段找到一份工作，從此塵埃落定，就這樣過一輩子，似乎有點可惜，也不是我想要的。或許在未知裡漂泊震盪，但這是極為正常的，當然也是好事。漂泊的過程中，有快有慢。快的時候，趁勝追擊；慢的時候，則把這段時期想成休兵期。養兵千日用在一時阿！休兵期間，並不是坐以待斃，而是爭取吸收更多能量的最好機會，以在日後面臨湍急時，是乘著快速的水流，向前移動，而不是在湍急中，四處碰撞。

　　不間斷地完成與追尋，學習努力與等待，是身為一位在地圖中走丟的旅人，所必備的技能。

　　即便是短暫失去目標，沒有了「然後……」，也能從迷途中探尋最終的出口。因為，旅人們總是能勇敢地面對未知的命運。

心纖系 *021*

世界不是我們這種笨蛋想的那麼簡單：
從屏東到英國只有8小時時差，卻改變我20年的眼界

誰說20多歲等於厭世代、草莓族？從大學到出國，我選擇奮力拼搏！

作　　　者	張育聖
顧　　　問	曾文旭
社　　　長	王毓芳
編輯統籌	耿文國、黃璽宇
主　　　編	吳靜宜、姜怡安
執行編輯	吳佳芬
美術編輯	王桂芳、張嘉容
文字校對	菜鳥
封面設計	阿作
法律顧問	北辰著作權事務所　蕭雄淋律師、幸秋妙律師

初　　　版	2020年05月
出　　　版	捷徑文化出版事業有限公司
電　　　話	（02）2752-5618
傳　　　真	（02）2752-5619

定　　　價	新台幣280元／港幣94元
產品內容	1書

總 經 銷	采舍國際有限公司
地　　　址	235 新北市中和區中山路二段366巷10號3樓
電　　　話	（02）8245-8786
傳　　　真	（02）8245-8718

港澳地區總經銷	和平圖書有限公司
地　　　址	香港柴灣嘉業街12號百樂門大廈17樓
電　　　話	（852）2804-6687
傳　　　真	（852）2804-6409

▶本書部分圖片由 Shutterstock、freepik 圖庫提供。

捷徑 Book站

現在就上臉書（FACEBOOK）「捷徑BOOK站」並按讚加入粉絲團，
就可享每月不定期新書資訊和粉絲專享小禮物喔！
http://www.facebook.com/royalroadbooks
讀者來函：**royalroadbooks@gmail.com**

國家圖書館出版品預行編目資料

世界不是我們這種笨蛋想的那麼簡單：從屏東
到英國只有8小時時差，卻改變我20年的眼界／
張育聖著.-- 初版.-- 臺北市：捷徑文化，2020.05
　面；　公分
ISBN 978-986-5507-19-0(平裝)

1.生涯規劃 2.自我實現

192.1　　　　　　　　　　　　109001869